KOSPI
5000

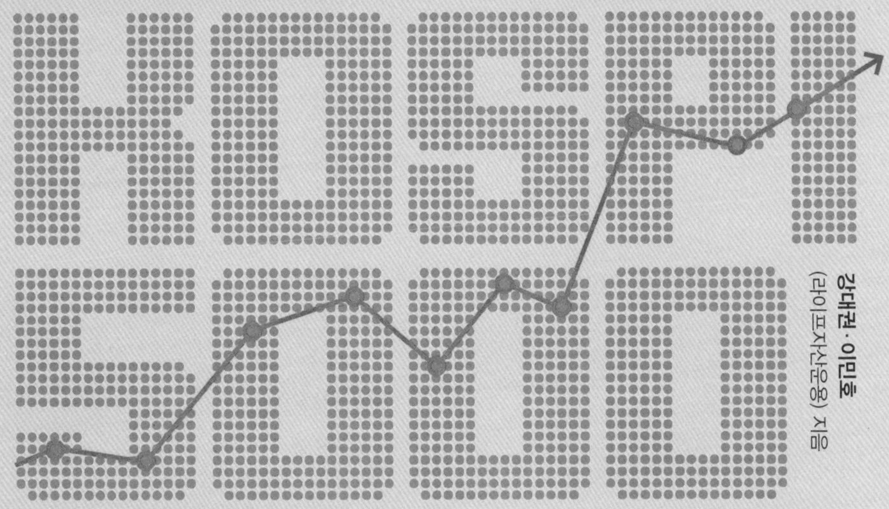

강대권 · 이민홍
(라이프자산운용) 지음

코스피 5000 주식의 시대

코리아 디스카운트를 넘어 프리미엄으로 가는 길

"왜 당신의 투자는
정당한 대가를 받지 못하는가?"

page2

HOSPI
5000

· 차례 ·

1부

한국은 어쩌다 전 세계에서
가장 싼 주식시장이 됐나

4부

코스피 5000 시대, 한국 기업이 가야 할 길

왜 이제서야
코스피 5000인지를 물어야 한다

이 책은 코스피가 3000을 갓 넘어섰던 2025년 7월에 기획됐다. 당시만 해도 많은 사람들에게 코스피가 5천 포인트를 넘어선다는 건 꽤나 공격적인 목표로 느껴졌다. 같은 자산운용업계 전문가들도 손사래를 치며 당장은 어렵다는 분위기였다. 하지만 우리는 코스피 5천이 얼마든지 달성 가능하다는 이야기를 하고 싶었다. 우리가 가졌던 문제의식은 "코스피는 원래 진작에 5천을 넘었어야 마땅한데, 여러 가지 억울한 사정으로 그동안 과도하게 눌려 있었다"라는 것이었다.

자신은 있었지만 우리도 이렇게까지 빨리 코스피가 오를 것이라는 생각을 못했다. 원고를 마칠 때쯤 코스피는 4000

이 됐고, 표지 디자인이 나오던 날 마침내 코스피는 역사적인 5000을 넘어섰다. 한국 주식시장은 2025년 세계 최고의 주식시장이었고, 2026년 새해에 들어서도 역사를 갱신하며 한겨울 소나무처럼 독보적인 수익률을 기록하고 있다. "국장(한국 주식시장) 탈출은 지능순"이라는 냉소가 팽배했던 시절이 불과 2024년 겨울이었다는 것을 떠올리면 그야말로 경천동지, 상전벽해의 일이다.

그러나 1년 남짓한 시간에 두 배 넘게 오르는 역사적 랠리에도 불구하고 한국 주식시장 시가총액이 이제야 겨우 대만을 따라잡았다는 사실을 아는 사람은 많지 않다. 대만의 시가총액은 2024년 들어 한국을 역전한 이후로 그 격차가 최대 1.4배까지 벌어졌다. 그러다 두 배 넘는 상승 끝에 이제 겨우 한국이 다시 따라온 것이다.

대만의 시가총액이 꽤 오랫동안 한국보다 훨씬 컸으며, 2배 상승으로 이제야 겨우 따라잡았다는 사실은 한국인에게 쉽게 받아들여지지 않는다. 경제규모를 보여주는 대부분 지표에서 한국이 대만을 크게 앞서고 있기 때문이다. 인구수는 2024년 기준 한국이 약 5140만 명으로 대만(약 2350만 명)의 두 배가 넘는다. 명목GDP(국내총생산)도 한국이 약 1조 8000억 달러로 대만(약 8000억 달러)의 두 배 이상이다. 대만은 훌륭한 나라

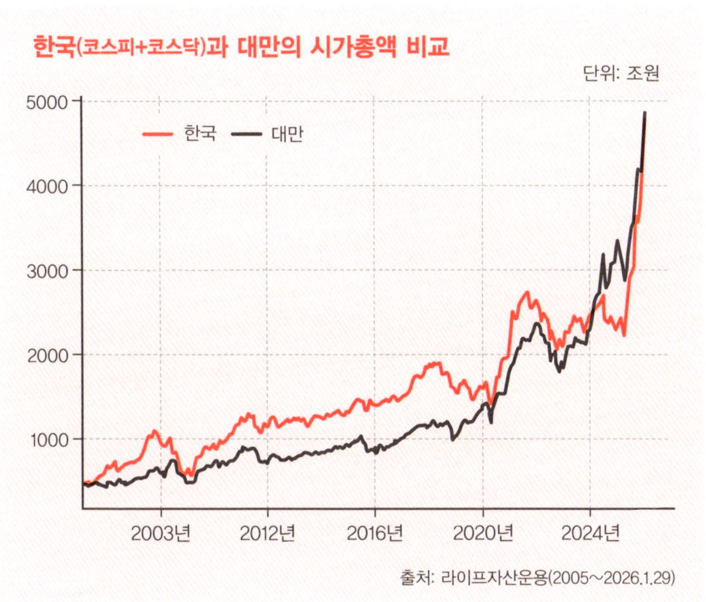

이고 AI시대에 엄청난 호황을 구가하는 기술 선진국이지만 그럼에도 아직은 한국의 절반 규모다. 1인당 GDP나 산업구조나 미국·중국같은 대외시장 의존도에 있어서도 한국과 대만은 굉장히 유사하다. 모든 게 비슷하고 인구와 경제 규모가 절반밖에 안되는 나라의 시가총액이 우리나라보디 훨씬 컸던 것이다. 이런 자존심 상하는 일이 왜 벌어진 것일까? **최근 1년, 가뭄 끝 단비와 같은 상승에도 불구하고 한국 주식시장이 여전히, '터무니없이' 싸기 때문이다.**

　　5200포인트를 돌파한 2026년 1월 29일 기준, 한국 주식 시장의 2025년 예상 PER(주가수익비율, 시가총액을 기업의 이익으로 나눈 지표로 주식시장의 가치평가 수준을 판단하는 데 가장 널리 사용되는 지표이다)은 17.4배다. 2024년 말 계엄 사태로 주가가 곤두박질쳤을 때 8배까지 떨어졌던 점을 고려하면 정말 많이 회복된 편이다. 하지만 아래 그래프에서 볼 수 있듯이 한국 증시는 여전히, 전 세계적으로 가장 낮은 수준의 PER을 갖고 있다. 두 배 올라 이 정도라면, 오르기 전 한국 시장이 다른 나라들에

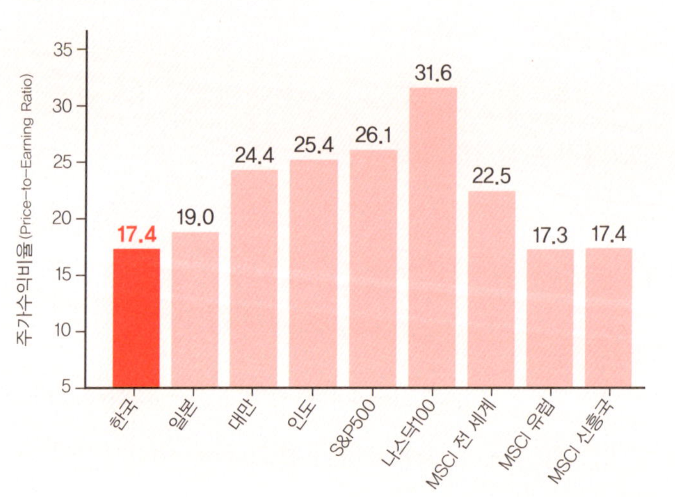

출처: 블룸버그(2025년 이익전망치)

비해서 얼마나 저평가됐는지 알 수 있다.

'서학개미'로 불리는 한국 개인투자자들이 열광하는 미국 S&P500과 나스닥은 기업들이 버는 이익의 25배나 30배를 시가총액으로 쳐준다. MSCI 전 세계 지수가 22.5배라는 건 글로벌 평균이 20배를 넘는다는 뜻이다. 잃어버린 20년을 통과한 옆 나라 일본도 19배를 받는다. 하지만 한국 기업들은 주가가 2배 올라도 여전히 이익에 17배를 받을 뿐이다.

미국 주식시장이 받는 프리미엄에 의문을 제기하기는 어렵다. 미국은 이미 자본주의의 정점에 올라 있는 시장이고 미래 기술을 지배하는 빅테크기업이 밀집한 데다, 경영진들에게 스톡옵션을 적절히 부여해 이해관계를 일치시키고, 주주환원도 적극적으로 실시하고 있다. 성장성과 지배구조 측면에서 만점이니 세계에서 가장 높은 프리미엄을 받는 것은 당연하다. 우리나라 사람들도 물경 250조 원이 넘는 미국 주식을 갖고 있다.

하지만 구글, 아마존 같은 테크기업이 없는 구식 경제가 중심이면서 러-우 전쟁으로 에너지가격 폭등과 안보 위협이리는 이중고에 시달리는 유럽, 우리보다 고령화 문제와 재정건전성 문제가 훨씬 더 심각한 일본, 그리고 심각한 지배구조 결함 속에 반도체·바이오 같은 첨단산업이 부재한 동남아·남미

·동유럽 국가가 포진한 신흥국(이머징마켓)이 한국 시장보다 프리미엄을 받아야 할 객관적인 이유는 없다. 한국의 미래를 암울하게 보는 분들이 참 많다. 그렇다고 세계 제조업을 선도하고, 3만 달러가 넘는 1인당 국민소득을 가진 인구 5000만 명의 한국이 이머징마켓의 국가들보다 비전이 없을 일인지 정말 모르겠다.

이쯤 되면 전 세계 시장에서 한국이 그토록 오랫동안 저평가에 시달린 이유가 궁금해진다. 남북한 대립이라는 지정학적 리스크가 늘 따라오지만, 요즘 세상에 지정학 문제가 어디 우리만의 일인가? 코앞에서 전쟁이 벌어지고 있는 국가들이 도처에 있다. 지금 전쟁 중인 이스라엘이나 가끔 실제 미사일이 날아오는 나라들의 주식시장도 한국보단 지난 20년 내내 훨씬 비싸게 거래됐다.

한국 기업들의 '질'은 오히려 다른 나라보다 더 낫다. 한국 주식시장의 시가총액 대형주에는 반도체, 배터리, 바이오, 항공우주 같은 다양한 첨단기술 기업이 포함돼 있다. 이런 첨단 산업을 시가총액 상위 종목으로 보유한 주식시장은 전 세계에 거의 없다. 산업 구성으로 한국과 견줄 수 있는 나라는 미국, 중국 정도 뿐이다. 산업 구성만 좋은 게 아니라 이들 기업들의 실적도 나쁘지 않다. 다음 그래프에서 볼 수 있듯이 블룸버

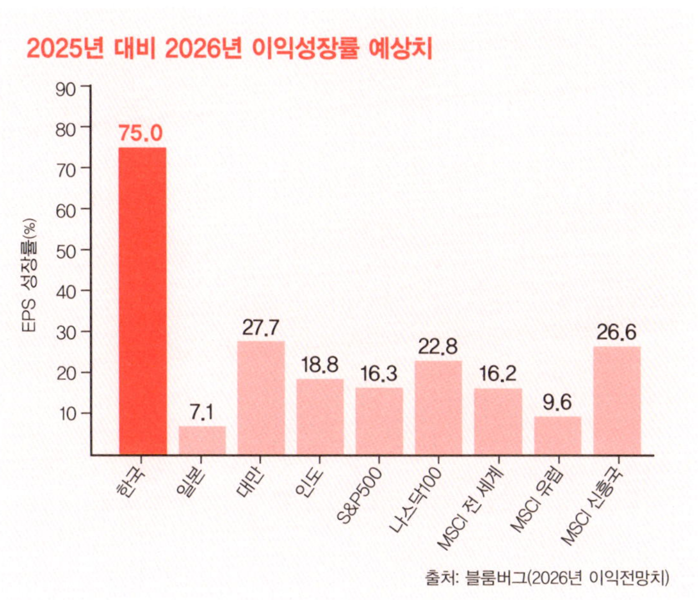

그 컨센서스 기준으로 한국의 2026년 이익성장률은 전 세계에서 압도적인 '톱(Top)'이다. AI혁명의 최대 수혜라는 미국 나스닥이나 대만시장보다 훨씬 더 높은 이익성장률을 보여준다. 과거 한국 주식시장의 저평가를 뒷받침하는 근거 중 하나였던 낮은 배당수익률도 이제는 어느 시장보다 낮지 않다. 한국은 결코 질적으로 열등한 시장이 아니다.

원래부터 이런 건 아니었다. 주식의 가치평가 수준을 판단하는 또 하나의 대표적 지표인 PBR(주가순자산비율, 시가총액을 기

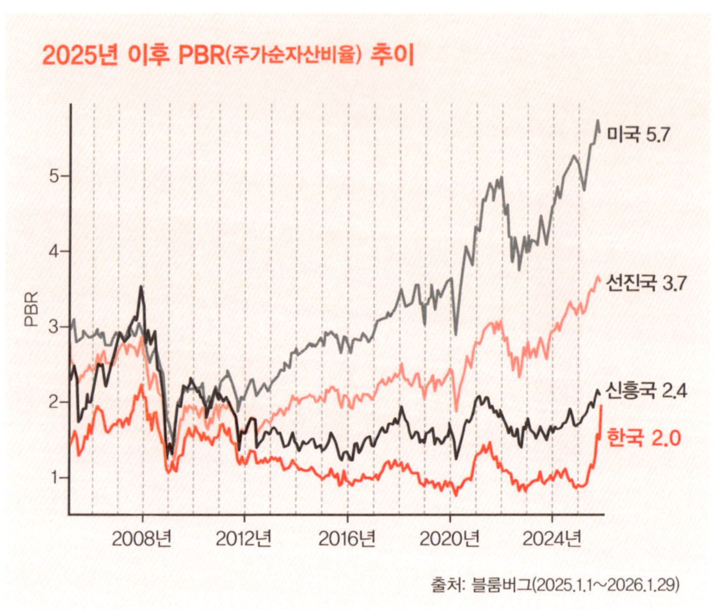

업들의 자본으로 나눈 수치)을 보자. 2010년 언저리만 해도 한국 시장과 해외시장의 밸류에이션 차이는 그렇게까지 크진 않았다. 한국과 다른 시장의 간극은 글로벌 금융위기 이래로 15년 넘게 넓어지고 있다. 가파른 주가 상승에도 불구하고 한국의 최근 PBR은 약 2배밖에 안된다. 그나마 코스피가 5000을 넘긴 덕분이지만 여전히 3.7배인 선진국 평균이나 2배가 넘는 신흥국 평균에 미치지 못한다. 결정적으로 한국은 2008년 금융위기 이전 레벨을 이제 막 회복한 수준에 불과하다. 다른 모든 나라들은 그 시절보다 훨씬 더 PBR이 높은데 말이다.

2010년 이후 도대체 지난 15년 동안 무슨 일이 벌어졌던 것일까. 모든 나라의 주식시장이 매년 더 높게 올라가는 동안 왜 한국만 소외되고 답보된 것일까. 어쩌다가 '국장(한국 시장)'은 불신과 조롱의 대상이 된 것일까. 새 정부 들어 '코스피 5000'이라는 구호가 나온 이유도 우리의 현재 위치가 너무 낮았기 때문이다. 오랫동안 저평가가 당연하게 느껴진 탓인지, 주변에서 '도대체 어떻게 5000을 갈 건데?'라는 질문들을 했지만, 사실 올바른 질문은 '도대체 왜 아직도 5000이 아닌거야?'였다.

우리는 갑자기 새로운 상황을 마주할 때 당황스럽다. '와, 어떻게 한국 주식시장이 이렇게 올랐지?' 싶지만 15년 전만 해도 안 그랬고, 우리를 빼고 다른 모든 나라들이 겪었던 일을 아주아주 뒤늦게, 이제야 겪는 것이라고 생각하면 어떨까.

이 책은 주식시장의 미래와 투자의 기술을 알려주지 않는다. 주식책 독자분들이 마땅히 기대하셨을 돈 버는 방법에 대한 책이 아니라는 섬을 미리 사과드리고 싶다. 이 책은 아주 오랫동안 저평가됐던 한국 주식시장의 고질적인 문제가 도대체 무엇이었는지를 묻는 데서 출발한다. 자칫 지나치게 비관적으로 들릴지는 모르겠지만 코스피 5000 시대의 미래가 아니라, 코스피가 5000이 아니었던 어두웠던 시절의 문제들을 이야기하려 한다.

우리나라 주식시장이 최근 이렇게 많이 오른 데에는 2가지 이유가 있다. 먼저 새 정부 들어 추진되는 자본시장 개혁 정책에서 비롯된 주식시장 재평가의 기대감이었다. 그러다가 2025년 가을부터 D램 가격이 폭등했고, 반도체 주식의 엄청난 상승이 나타나면서 주식시장 상승률이 가팔라졌다. AI혁명으로 한국 반도체산업의 호황이 계속 이어질 것으로 보이지만, 근본적인 체질개혁이 없는 주식시장의 상승은 그 토대가 허약하다는 불안감을 지우기 어렵다. 언젠가 반도체업황이 다시 불황으로 들어가면 코스피는 또다시 3000포인트 혹은 2000포인트까지 내려가야 하는 것일까? 모처럼 만에 한국 자본시장에 더해진 기대가 그런 식으로 끝날 수는 없는 일이다.

주식시장이 이렇게 오랜만에 각광을 받은 시점에, 그동안 우리 시장을 억눌러왔던 저평가 이유들을 살펴보려고 한다. 그래서 그것을 오래된 고질병이 아니라 과거의 추억으로 남기고, 우리 시장이 근본적으로 성장할 수 있는 방법을 생각해 보려고 한다. 그렇게 된다면 코스피 5000은 끝이 아니라 시작이 될 것이고 수십년 동안 열망해 왔던 제대로 기능하는 자본시장의 시대, 주식의 시대가 펼쳐질 수 있을 것이다.

지금부터 이 책에서 한국 기업들의 과거 역사에서 비롯된, 어찌보면 민망할 수 있는 이야기들을 하려고 한다. 하지만 그런 이야기들은 과거의 잘못을 굳이 다시 들춰내고자 함이 아니라, 코스피 5000 이후의 시대를 바라보는 미래를 위한 복기일 뿐이다. 오해 없이 들어주길 바란다.

먼저, 지난 20년간 한국 주식시장이 도대체 어쩌다 그렇게까지 저평가됐는지를 살펴보자.

주식을 가리키는 영어 단어로는 흔히 스톡(Stock)을 쓴다.

스톡은 그루터기를 뜻하는 고대 영어 스톡(Stocc)에서 유래된 만큼

하나의 뿌리를 가진 존재를 나눠 갖는다는 '거래'의 의미가 강하다.

하지만 주식을 가리키는 영어 단어로 에퀴티(Equity)도 있다.

여기서 '주식은 형평(Equitable)하다'는 정의가 도출된다.

형평한 권리는 '1주 1표' 비례적 이익이 보장되는 것을 뜻한다.

주식은 스톡과 에퀴티의 정의를 모두 만족했을 때 온전하다.

1부

한국은 어쩌다 전 세계에서 가장 싼 주식시장이 됐나

1장

회장님들이 꼭 한 번 들르는 곳
상속과 밸류에이션

승계를 위한 회장님들의 사투

내로라하는 대기업 회장님들이 너도나도 꼭 한 번은 들르는 곳이 있다. 휴양지나 적어도 맛집이라면 참 좋겠는데 안타깝게도 그곳은 구치소다. 수의를 입어본 한국의 회장님은 수도 없이 많고 결과적으로 법적 쟁점이 발생한 사례가 반복됐다.

2021년에 이재용 삼성전자 회장이 구속됐다. 2015년 제일모직(현 삼성물산)과 옛 삼성물산 간 합병 과정에서 박근혜 전 대통령 측에 뇌물을 제공한 혐의가 인정됐기 때문이다. 이재용 회장이 삼성전자에 대한 지배력을 확보하기 위해서는 합병이 중요한 과제였다. 삼성물산의 2대 주주로서 합병의 열쇠를 쥐고 있던 국민연금의 찬성을 이끌어내기 위해 무리한 결정이 필요했을 것이다.

최태원 SK㈜ 회장은 2003년 수감됐다. SK그룹 지주사였던 옛 SK㈜에 대한 지배력을 무리하게 확대하고자 했기 때문이다. 자신의 워커힐 주식과, SK C&C(현 SK㈜)가 갖고 있던 SK㈜ 주식을 교환하는 묘수를 냈다. 하지만 SK㈜ 주식을 가능한 한 많이 손에 넣기 위해 워커힐 주식의 가치를 의도적으로 부풀리면서 SK C&C에 손해를 입힌 혐의가 업무상 배임으로 인정됐다. 비자금도 쟁점이 됐다. 정몽구 현대차그룹 명예회장은 2006년 현대글로비스를 통한 비자금 조성으로, 김승연 한화그룹 회장은 2012년 한화증권 차명계좌를 통한 비자금 조성으로 각각 구속됐다.

결과적으로 법적 쟁점이 발생한 사례가 반복됐다. 그럼에도 법적 리스크가 큰 조치가 반복된 배경에는 분명한 이유가 있다. 회장님들의 구속 사례를 공통적으로 관통하는 키워드는 '승계'다. 한국 대기업 집단의 창업자 가문, 다시 말해 재벌가문은 대부분 부자간 승계를 바탕으로 지배력을 유지해 왔으며 이런 흐름은 현재도 이어지고 있다.

지분을 승계하는 가장 투명하면서도 편리한 수단이 상속

이다. 총수가 사망하면 상속을 통해 배우자와 자녀 등 법정상속인에게 지분을 이전시키면 된다. 이렇게 하면 대기업집단에 대한 재벌가문의 지배력은 자연스럽게 유지된다. 하지만 앞서 언급한 회장님들의 수많은 작업은 모두 사후가 아닌 생전에 지분을 승계하려고 벌인 일이다. 상속을 통한 지배력 유지가 말처럼 쉬웠으면 회장님들이 수년에 걸쳐 작업을 시도하고 감옥에 가는 역사가 반복되지 않았을 것이다.

문제는 한국의 상속세율이 너무 높다는 점이다. 재벌 회장님은 재산이 어마어마하므로 당연히 상속세 과세표준에서 최고세율을 적용 받는다. 2000년부터 최고세율을 적용하는 과

한국의 상속세율 구간

1997.1.1.~1999.12.31.		2000.1.1. 이후	
과세구간 및 세율 단일화		과세구간 및 세율 단일화	
과세표준	세율(%)	과세표준	세율(%)
1억 원 이하	10	1억 원 이하	10
5억 원 이하	20	5억 원 이하	20
10억 원 이하	30	10억 원 이하	30
50억 원 이하	40	30억 원 이하	40
50억 원 초과	45	30억 원 초과	50

출처: 한국금융공사(2025.11.30)

세표준이 30억 원 초과로 낮춰진 탓이다. 한국의 최고세율은 50%로 OECD(경제협력개발기구) 회원국 중 일본(55%)에 이어 2위다. 하지만 실질적으론 최대 60%가 돼 1위로 뛰어오른다.

회장님들의 상속세 부담을 판단할 때 상속세율 기준을 60%로 잡아야 하는 이유는 2020년부터 최대주주에 20%를 할증하고 있기 때문이다. 쉽게 말하면 최대주주라서 누릴 수 있는 경영권 프리미엄을 상속세 계산에 반영한 결과다. 이는 다른 OECD 회원국에서는 볼 수 없는 한국만의 독특한 형태다. 예를 들어 100억 원을 상속받으면 최고세율을 매긴 50억 원에, 최대주주 할증을 추가로 매긴 10억 원을 합해 60억 원을 상속세로 내야 한다.

이렇다 보니 상속세수의 영향력도 상당하다. OECD에 따르면 2019년 기준 한국의 전체 세수 대비 상속세수(증여세 포함) 비율은 1.59%다. 역시 OECD 회원국 중 1위다. OECD 평균인 0.36%의 4.4배나 되며 명목상 세율이 가장 높은 일본도 이 비율이 1.33%로 한국보다 낮다. GDP 대비 상속세수 비율로 봐도 한국이 0.7%다. 이 또한 프랑스, 벨기에와 함께 공동 1위다. 상속세 부담이 지나치게 크다고 지적이 나오는 이유다.

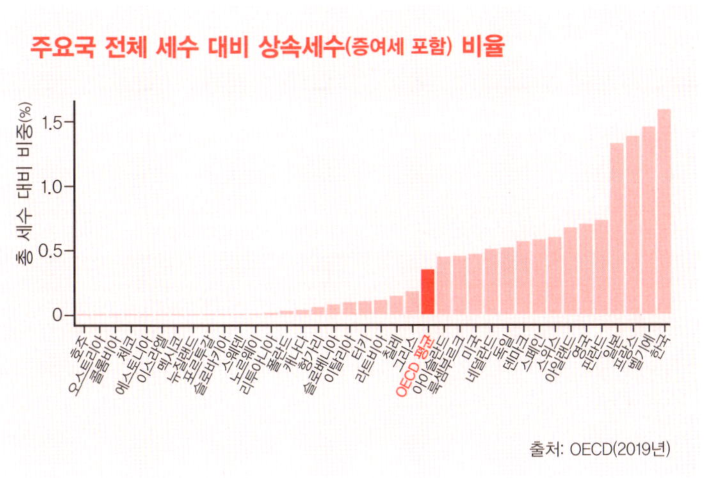

상속을 위해 억눌러지는 주가

한국 주식시장에 대한 고질적인 밸류에이션 저평가는 회장님들이 자신들의 왕국을 자식에게 주고 싶어한다는 것, 그리고 상속세 부담이 높다는 것과 깊은 관련이 있다. 승계 측면에서 회장님들이 상속해야 할 재산은 현금이 아닌 지분, 다시 말해 주식이다. 그러므로 상속세를 매기기 위해서는 주식을 어떻게 평가할지가 중요하다.

한국을 포함한 모든 국가에서 상속재산은 시가로 평가한다. 상장주식의 시가는 곧 주가다. 한국의 경우 평가기준일인

'상속개시일 전후 각 2개월 동안의 평균 종가'가 주식의 시가가 된다. 세금을 많이 내고 싶어 하는 사람은 없고 회장님들도 당연히 상속세를 줄이고 싶을 것이다. 세율이 높으니 평가액이라도 줄여야 한다. 같은 1주라도 500원일 때가 1000원일 때보다 상속세가 낮게 매겨진다.

이 때문에 회장님들로서는 주가를 낮은 수준으로 유지할 유인이 생긴다. 아무리 소액주주들이 주가 부양을 한목소리로 외쳐도 상속이 걸려 있는 회장님에게는 와닿지 않을 수밖에 없다. 회장님들은 주가를 어떻게 억누를까? 아무리 회장님이라도 시세조종 같은 불법적인 방법을 쓰기는 어렵다. 그렇다면 주가에 불을 붙일 재료를 원천적으로 만들지 않으면 된다. 사업으로 벌어들인 돈을 새로운 사업에 재투자하지 않고 그대로 쌓으면서 시장에서 기업가치를 재평가받을 수 있는 기회를 차단한다.

주가에 불을 붙일 재료가 있더라도 있다는 사실을 꽁꽁 숨기면 된다. 주주환원을 하지 않고 IR(기업설명회) 활동도 하지 않으면서 시장이 기업가치를 알 수 없도록 한다. 예시로 신동원 회장에서 장남인 신상열 전무로 승계를 준비하고 있는 농심홀딩스를 꼽을 수 있다. 농심홀딩스는 최근 수년간 PBR이 0.3배에도 미치지 못할 만큼 저평가를 이어오고 있다. 연결 기준 배당성향이 매년 15% 안팎으로 낮은 편인 데다 IR 활동을 실시한 적은 거의 없다.

물론, 정말 어쩔 수 없이 좋은 사업 기회를 맞닥뜨릴 때도 있다. 전 세계에 걸쳐 큰 사업을 하시는 분들이 새로운 사업 기회를 찾지 못한다는 것도 이상한 일이다. 그럴 때 우리 재벌 기업들은 회사를 새로 만든다. 보통은 아들이 대주주인 비상장회사에서 전도 유명한 사업을 시작한다. 만약 돈이 아주 많이 드는 대규모 사업이면 상장회사가 일부 지분을 대기도 하고, 지급보증 등 다양한 기법을 이용하고 사모펀드(PE)의 도움을 받는 경우도 있다. 회사 안에서 인큐베이팅한 다음에 매출이 본격화되기 직전에 아들에게 주는 방법도 있다. 너무 다양해서 일일이 설명하긴 어렵지만, 어찌 됐건 상장회사 안에서 신사업이 제대로 성숙되고 주주들에게 그 성장의 결실이 돌아가긴 어렵다는 것이다.

300만 년 인류의 역사를 보면, 인류는 처음에 가족 중심의 씨족사회에서 왕권국가로, 그리고 민주주의로 집단의 체제를 발전시켜 왔다. 민주주의에서 말하는 1인 1표와 주식시장의 1주 1표나 비슷한 개념이고, 주식시장과 상장회사의 지배구조는 경제적 민주주의라고 할 수 있다. 하지만 한국 재벌은 아직도 구석기 씨족사회에서 벗어나지 못하고 있다. 그리고 씨족사회 전통을 이어 나가기 위해 사투를 벌이고 있다. 한국 주식 시장이 장기간 저평가되었던 것의 출발점은 세계에서 가장 높은 상속세에 대한 부담과 이를 회피하고자 하는 원초적 욕구의 충돌이다.

'팔 권리'뿐인 한국 주식
버려진 소액주주

SK C&C와 현대글로비스는
어떻게 고속성장했나

앞서 언급한 최태원 SK㈜ 회장의 사례를 좀 더 뜯어보자.
2003년 영국계 행동주의 투자자 소버린이 촉발한 경영권 분
쟁 때 최태원 회장이 갖고 있던 그룹 지주사인 옛 SK㈜ 지분
은 0.1%에 불과했다. 앞서 최태원 회장이 워커힐 주식을 SK㈜
주식으로 교환하려고 했던 것도 지배력을 높이기 위해서였다.
최태원 회장이 소버린의 공격으로부터 경영권을 지켜낸 방법
은 약 7%에 해당하는 SK㈜의 자기주식을 하나은행과 신한은

행 등에 매각해 우호지분을 확보하는 것이었다. 이 과정에서 1조 5000억 원 규모의 SK글로벌(현 SK네트웍스) 분식회계나 자기주식 매각에 따른 소액주주 이익 침해 등은 한국 기업을 지켜야 한다는 미명 아래 무시됐다.

SK그룹은 또다시 주식시장을 이용한다. 소버린의 그림자를 벗어난 뒤, SK그룹의 지배구조는 그룹 지주사인 SK㈜를 SK C&C(현 SK㈜)가 지배하는 '옥상옥' 형태였다. SK C&C는 2015년에 SK㈜를 흡수합병한 뒤 사명을 변경하면서 현재의 SK㈜로 거듭났다. 지배구조의 정점에 있던 이 SK C&C의 최대주주가 지분 30% 이상을 보유한 최태원 회장이었다. SK C&C는 그룹 계열사에 대한 IT서비스 사업을 독점해 거대한 부를 구축했다.

21세기의 첫 15년 동안 한국에서 가장 빨리 성장한 회사는 그룹의 일감 몰아주기 주체였던 SK C&C, 그리고 현대글로비스였다. 현대글로비스는 정몽구 명예회장의 장남이자 후계자인 정의선 회장이 지분 60%를 출자한 물류회사였다. 둘 다 젊은 차기 회장님들이 그룹에 대한 지배력을 확보할 수 있도록 잘 짜여진, 계획대로 '만들어진' 회사였다. SK C&C와 현대글로비스가 각각 IT시스템을 구축하고 운송서비스를 제공하는 데 세계 최고의 회사였을 수도 있지만, 여기에 일감을 몰아준 SK텔레콤이나 현대자동차의 주주는 이를 검증할 방법이 없다. 형식적인 입찰 과정을 통해 경쟁 없이 이들 기업이 일감을 독점했기 때문이다. 설사 이들 기업이 세계 최고였다고 해도 문제다. 굳이 SK텔레콤이나 SK이노베이션이 매년 수천억 원의 비용이 드는 시스템 구축사업을 SK C&C에 외주를 줘야 했을까. 그것도 하필이면 최태원 회장이 개인지분을 갖고 있는 회사에 말이다. 현대차가 자동차 운송서비스를 회사 내에서 직접 했다면 어땠을까. 수천억원의 비용을 아낄 수 있지 않았을까.

모든 회사들이 상장사라는 게 문제다. **SK텔레콤 주주의 몫으로 갔을 가치가 SK C&C로 이전된 것이고, 현대차와 기아 주주들이 가졌어야 할 가치가 현대글로비스로 이전된 것이다.** 이 과정에서 각 회사 일반주주들의 의사는 전혀 반영되지 않았다. 모든 주주가 나눠가져야 할 가치가 '회장님 혹은 회장님 가족 지키기'에 남용, 혹은 전용됐는데 이 과정에서 일반주주들의 권리는 철저히 무시됐다. 이렇게 개인이 직접 소유한 회사를 만들고 계열사들로부터 가치를 편취하는 방법은 한국 재벌의 보편적인 전략이 됐다.

문제는 이렇게 '기울어진 운동장'을 바로잡을 주주의 권리가 법적으로 충분히 보장되지 않는다는 점이다. 대표적인 사례가 바로 1996년 삼성그룹의 에버랜드 전환사채(CB) 헐값 발행 사건이다. 그룹의 경영권 승계를 위해 에버랜드 기업가치보다 현저히 낮은 가격에 전환사채를 발행해 총수일가에 넘긴 사건에 대해 대법원은 끝내 무죄를 선고했다. 주주들에게 피해가 갈 수 있었는지 모르지만 한국의 법체계에서 주주이익 보호는 의무가 아니고, 전환사채 발행이 회사를 위한 일이었다는 주장은 법원이 판단할 대상이 아니라는 것이다.

핵심 논리는 이사의 충실 의무가 '회사'에 한정될 뿐, '주주 전체'에 미치지 않는다는 것이었다. 이론적으로 주주의 대리인(Agent)이어야 할 이사가 주주의 이익에 명백히 반하는 행위를 해도, 그것이 회사 자체에 직접적인 손해를 끼친 것이 아니라면 배임이 아니라는 판결이었다. 이는 이사회가 주주가치를 훼손하는 결정을 내리더라도 얼마든지 법망을 빠져나갈 수 있는 구조적 허점을 드러낸 뼈아픈 판결이었다. 2009년 5월, 대법원 전원합의체의 이 판결로 일반주주 권리를 무시하는 기업들의 처사는 오랫동안 '합법적'인 것이 됐다. 16년이 지난 2025년에서야 상법 개정으로 이사의 충실 의무가 '총 주주'로 확대된 것은 너무나 늦었지만 그래도 반가운 일이다.

스톡만 있고 에쿼티는 없는 한국 주식

재계에서는 2025년 상법 개정에 반발하기도 한다. 이들 말처럼 주식시장은 원래 기울어진 운동장이 정상일까? 최대주주의 1주가 소액주주의 1주보다 원래 무거울까? 이에 대한 답을 내리기 위해서는 주식이 무엇인지, 그 정의부터 살펴봐야 한다. 주식을 가리키는 영어 단어로는 흔히 '스톡(Stock)'을 쓴다. 스톡은 그루터기를 뜻하는 고대 영어 '스톡(Stocc)'에서 유래된 만큼 하나의 뿌리를 가진 존재를 나눠 갖는다는 '거래'의 의미가 강하다. 일본이 스톡을 가져와 '카부시키(株式·かぶしき)'로 부르던 것을 한국이 그대로 가져왔다.

하지만 주식을 가리키는 영어 단어는 '에쿼티(Equity)'도 있다. 에쿼티는 근세 영국에서 법전에 기록된 보통법(Common Law) 외에 판례에 기반한 형평법(Law of Equity)에서 따왔다. 기업의 소유권을 나눠갖는 주식은 기존 보통법에는 없는 개념이었으므로 형평법의 소관이었다. 여기서 '주식은 형평(Equitable)히다'는 정의기 도출된디. 형평한 권리는 '1주 1표' 비례적 이익이 보장되는 것을 뜻한다. 1주를 보유한 사람은 100주를 보유한 사람의 100분의 1에 해당하는 권리를 갖는다. 1주를 보유한 사람과 100주를 보유한 사람이 동일한 권리를 갖는다는

'평등한 권리'가 아니다.

주식은 스톡과 에퀴티의 정의를 모두 만족했을 때 온전하다.

안타깝게도 '언어는 사고를 지배한다'는 말이 한국 주식을 이해하는 데 딱 맞다. 한국은 그동안 주식의 거래에만 충실했다. 실제로 한국 주식시장은 전 세계 통틀어 거래가 매우 활발한 시장 중 하나가 됐다. 반면 주주로서 갖는 형평한 권리에 대한 이해는 떨어졌다. '국민주'라는 삼성전자 주식 1주를 10만 원씩 주고 갖더라도 1표에 해당하는 비례적 이익을 보장받을 수 없었다. 결국 지배주주의 이익에 휘둘릴 뿐이었다. 이 때문에 주주여도 삼성전자 주인 중 한 명이라는 생각은 할 수 없었다. 한국 주식에는 그저 '팔 권리'밖에 없다는 자조 섞인 목소리가 나오는 것도 당연하다.

2024년 7월, 두산그룹이 시도했던 두산밥캣 지배구조 개편 계획은 많은 논란을 낳았다. 두산그룹의 지배구조를 보면 ㈜두산이 자회사로 두산에너빌리티와 두산로보틱스를 두고 있으며, 두산에너빌리티는 자회사로 두산밥캣을 두고 있다. 이 네 회사는 모두 상장사다. 지배구조 개편의 핵심은 그룹의 확실한 캐시카우인 두산밥캣을 ㈜두산의 손자회사에서 자회사로 바꾸는 것이었다.

두산그룹이 제시한 지배구조 개편 계획은 꽤 복잡하다. 찬찬히 살펴보자. 1단계는 두산에너빌리티에서 두산밥캣 지분 46% 전량을 보유한 비상장 신설법인을 인적분할한다. 2단계는 ㈜두산의 또 다른 자회사인 두산로보틱스가 이 신설법인을 흡수합병한다. 여기까지 하면 두산밥캣은 두산에너빌리티의 자회사에서 두산로보틱스의 자회사가 된다. 3단계는 두산로보틱스가 포괄적 주식교환을 통해 두산밥캣을 완전자회사(지분율 100%)화하고 최종적으로는 두산밥캣을 흡수합병한다. 이렇게 되면 두산밥캣은 ㈜두산의 자회사가 된다.

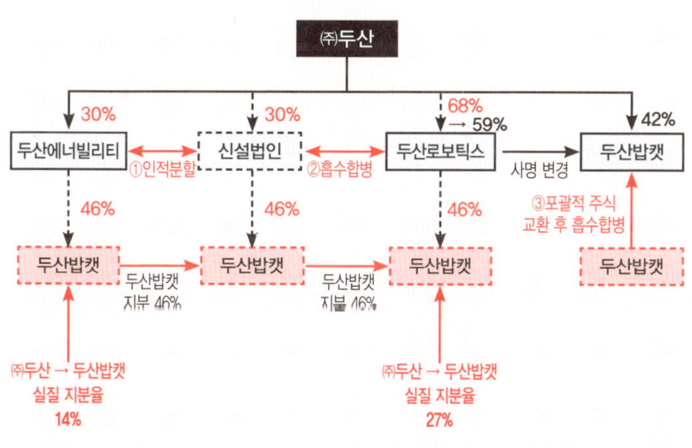

출처: 라이프자산운용

두산그룹은 '스마트머신 부문 관련 계열사간 기술 교류와 업무 협력 강화'를 지배구조 개편의 명목으로 내세웠지만, 시장에서는 확실한 캐시카우인 두산밥캣에 대한 지주사 ㈜두산의 지배력을 높이려는 두산그룹의 논리라는 시각이 지배적이었다. 지배구조 개편 전 ㈜두산의 두산밥캣에 대한 실질적인 지배력은 14%에 불과하지만 개편 후 42%까지 뛰어오르기 때문이었다.

이 개편구조가 한국 주식시장에서 한동안 화두가 됐던 이유는 두산그룹이 두산에너빌리티와 두산밥캣 일반주주의 이익을 침해할 여지가 있었지만 일말의 법을 저촉하지 않는 놀라운 '기술'을 선보였기 때문이다. 첫 번째로 두산에너빌리티의 일반주주들은 단 한 푼도 받지 못하고 핵심 자산인 두산밥캣 지분을 잃어야 했다. 당시 시가로 따진 두산밥캣 지분 46%는 약 2조 3000억 원이나 됐지만 두산로보틱스가 제값을 치르고 매입하는 형태가 아니었기 때문이다. 그도 그럴 것이 두산로보틱스가 보유한 현금은 단기금융상품을 포함해도 2조 3000억 원에 크게 못 미치는 3600억 원 정도에 불과했다.

두 번째로 두산밥캣의 일반주주들은 거의 헐값에 두산로보틱스 주식으로 교환해야 했다. 두산밥캣은 한국 주식시장에서 만성적인 저평가주로 명성 아닌 명성이 자자했다. 당시

PBR도 0.6배 안팎에 불과했다. 반면 두산로보틱스는 불과 10개월 전인 2023년 10월 상장하면서 받은 높은 밸류에이션을 이어가고 있었다. 이 때문에 시가로 평가하면 두산밥캣 1주를 내주면 두산로보틱스 0.63주밖에 받지 못할 지경이었다. 두산로보틱스는 자산총계가 고작 4500억 원으로 11조 원인 두산밥캣에는 상대가 되지 않았던 데다 한 번도 영업흑자를 달성한 적이 없었는데도 말이다.

지배구조 개편 계획은 두산그룹의 강한 의지에도 불구하고 윤석열 정부의 비상계엄이라는 의외의 복병을 만나면서 5개월 만에 끝내 좌초됐다. 비상계엄으로 주식시장이 폭락하면서 두산에너빌리티의 주가도 폭락하자 주식매수청구에 소요될 금액이 예상을 크게 웃돌 것으로 예측됐기 때문이다. 비록 실현되지는 않았지만 '한국 주식시장에 형평한 권리는 없다'는 현실을 적나라하게 보여준 사례로 여전히 회자되고 있다.

이러한 후진적인 인식은 최근 한 대기업 회장의 공식 석상 발언에서도 적나라하게 드러났다. 그는 그룹 내에서 여러 계열사를 연이어 상장하는 '중복상장'에 대해 우려를 표하는 기자들에게 이렇게 답했다.

"예전에는 중복상장이 문제가 되지 않았는데 요즘 들어 논란이 되더라. 중복상장이 문제라고 생각한다면 상장 후 주식을 사지 않으면 된다."

중복상장으로 인한 모회사 주주가치 희석을 걱정하는 투자자들에게 '참여하기 싫으면 말라'는 식의 답변은 시장에 엄청난 충격을 주었고, 상장 계열사들의 주가는 일제히 폭락했다. 이는 단순한 말실수가 아니라, 한국 기업의 지배주주들이 일반주주를 기업의 동등한 주인이 아닌, 언제든 팔고 떠날 수 있는 시세차익 추종자 정도로만 여기고 있음을 보여주는 상징적인 사건이었다.

다시 본질적인 질문으로 돌아가 보자. '팔 수 있는 권리' 외에 아무것도 주어지지 않는 주식을 과연 누가 제값을 주고 사려 하겠는가. 기울어진 운동장을 바로잡을 법적 장치도, 주주로서 마땅히 누려야 할 최소한의 권리를 주장할 수도 없는 주식은 매력적일 수 없다. 이것이 바로 한국 주식시장이 기업들의 실제 가치에 비해 만성적으로 저평가 받는 '코리아 디스카운트'의 핵심이다. **에퀴티의 가치가 바로 서지 않는 한, 한국 주식은 영원히 '거래의 대상(Stock)'으로만 남을 것이고, 코스피 5000도 한바탕 꿈에 그칠 것이다.**

3장

자회사들이 왜 그리 많을까
심각한 이해관계 불일치

주식을 마구잡이로 찍어낸 대가

2020년 9월, LG화학 소액주주들은 말 그대로 난리가 났다. LG화학이 전기차 배터리를 생산하는 전지사업 부문을 물적분할해 LG에너지솔루션을 출범시킬 계획을 발표했기 때문이다. 전기차시장이 본격적으로 열리면서 세계 최고 수준의 전기차 배터리 기술력과 생산능력을 보유한 LG화학이 주가도 크게 뛰고 있던 때였다. 직전 연도인 2019년 말부터 분할을 발표하기 직전까지 약 9개월 간 LG화학의 주가상승률은 116%에 육박했다.

　문제는 분할의 형태가 인적분할이 아닌 물적분할이었다는 점이다. 인적분할이었다면 LG화학 기존 주주가 지분율대로 LG에너지솔루션 지분을 가졌다. LG화학 지분을 30% 가진 주주는 LG에너지솔루션 지분도 30% 갖는 식이다. 신설법인 지분을 그대로 가지므로 주주 권리에 문제가 없다. 하지만 물적분할이었으므로 LG에너지솔루션 지분 100%를 LG화학이 가졌다. 물적분할이었더라도 LG에너지솔루션이 비상장사로 남아 있었다면 LG화학 주주 권리에 문제가 없다. 완전자회사로서 LG에너지솔루션의 가치가 LG화학의 가치에 그대로 반영되기 때문이다.

　하지만 LG에너지솔루션은 출범 6개월 만인 2021년 6월, 유가증권시장 상장을 위한 심사를 거래소에 청구했다. 전기차 시장이 호황이었던 만큼 2022년 1월 LG에너지솔루션 상장은 한국 주식시장 역사에서 손꼽을 만한 대흥행을 기록했다. LG에너지솔루션이 신주모집으로 끌어들인 돈만 10조 2000억 원에 이르렀다.

　눈물을 흘린 것은 LG화학의 소액주주들뿐이었다. LG화학이 보유한 LG에너지솔루션 지분가치가 희석되면서 LG에너지솔루션이 상장예비심사를 청구한 이후 1년 사이에 LG화학 주가는 29% 하락했다.

LG에너지솔루션 사례는 '쪼개기 상장(물적분할 후 자회사 상장)'의 대명사가 됐다. 하지만 한국 대기업집단이 쪼개기 상장을 시도한 사례는 LG에너지솔루션 말고도 많다. SK이노베이션은 SK아이이테크놀로지에 대한 상장을, HD현대는 HD현대마린솔루션에 대한 상장을 각각 성공시켰다. SK이노베이션의 SK온, HD현대의 HD현대로보틱스, LS전선의 LS이브이코리아, HL만도의 HL클레무브도 모두 쪼개기 상장을 둘러싼 논란이 제기된 사례다.

쪼개기 상장의 만연은 한국 주식시장이 주식의 공급에 얼마나 관대한지를 보여주는 대표적인 사례다. 자본주의에서 가격을 결정하는 것은 결국 수요와 공급, 다시 말해 '수급'이다. 한국 주식시장에 대한 만성적인 밸류에이션 저평가도 주식의 수급으로 보면 설명이 가능하다.

2005년 1월 1일부터 2025년 12월 5일까지 최근 20여 년 동안 코스피 시가총액은 8.7배로 늘었다. 놀랍게도 전 세계 시장을 통틀어 최고 수준의 증가율이다. 하지만 같은 기간 코스피지수는 4.7배 상승하는 데 그쳤다. 미국 S&P500지수가 5.8배, 대만 가권지수가 4.7배로 각각 상승한 점을 고려하면 낮은 상승률이다. 지수는 곧 주가다. 시가총액이 크게 증가했음에도 주가가 그만큼 상승하지 못했다는 뜻이다.

2005년 1월 1일부터 2025년 12월 5일까지 시가총액 상승률

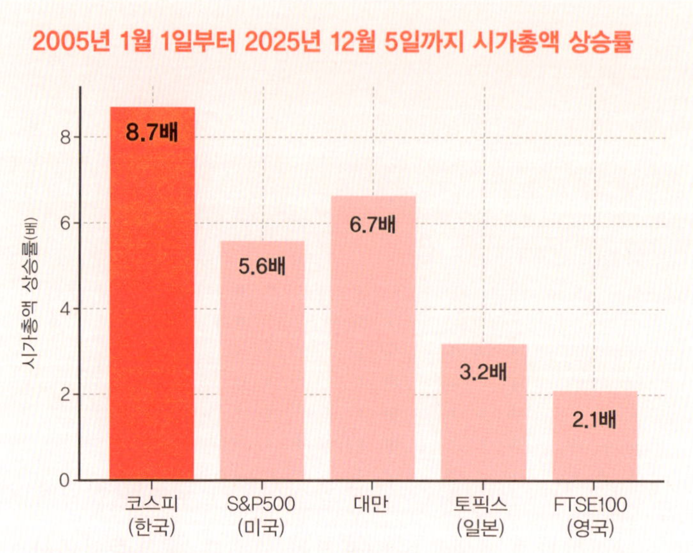

2005년 1월 1일부터 2025년 12월 5일까지 주가지수 상승률

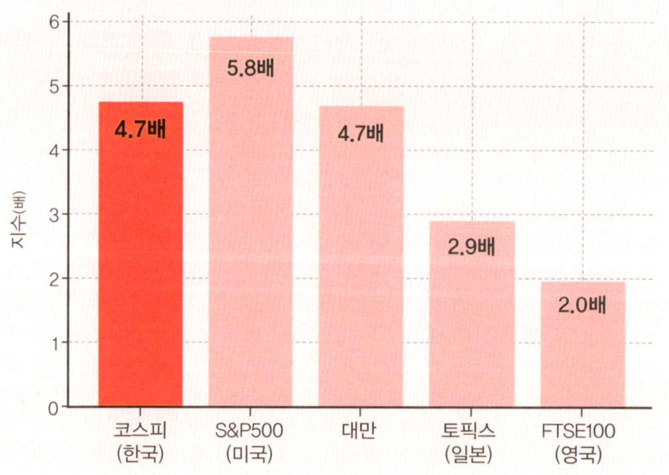

출처: 블룸버그(2005.1.1~2025.12.5)

이는 주식수의 가파른 증가로밖에 해석이 안된다. 한국 주식시장에 기업공개(IPO), 유상증자, 전환사채(CB) 등 다양한 방법으로 신주가 꾸준히 공급된 탓이다. 쪼개기 상장도 주식수를 늘리는 한 가지 방법이다. 주식을 마구잡이로 찍어내는데 주가가 오를 수 있을 리가 없다. 하지만 미국 시장은 다르다. 최근 20년 동안 S&P500 시가총액은 5.6배로 증가했지만 S&P500지수는 5.8배로 상승했다. 오히려 주식수가 감소했다는 뜻이다. 자사주 매입과 상장폐지 등의 방법으로 주식수를 지속적으로 줄여온 덕분이다.

주식이 과잉공급된 것도 결국 최대주주와 소액주주의 이

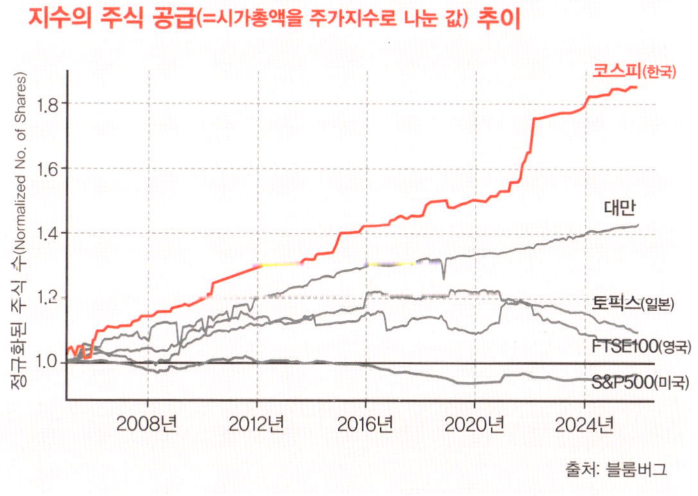

해관계가 일치하지 않은 탓이다. LG화학이 LG에너지솔루션을 물적분할하면 ㈜LG 구광모 회장으로서는 미래가 유망한 전지사업에 대한 지배력 손실을 최소화할 수 있는 효과가 있다. LG화학은 LG에너지솔루션에 대한 지분율이 최초 100%였던 덕분에 상장에 따른 희석에도 81.8%로 하락하는 데 그쳤다. 이 때문에 구광모 회장은 ㈜LG 지분 16%만 가지고도 ㈜LG→LG화학→LG에너지솔루션으로 이어지는 굳건한 지배력을 유지하고 있다.

최대주주 이해관계의 중심에 있는 것은 승계다. 후계자가 새로운 회사를 설립하거나 기존 회사에 출자하면서 신주가 발행된다. 이들 회사는 대부분 내부거래 비중이 높은 물류, IT서비스, 원료회사로 계열사로부터 매출을 안정적으로 일으킬 수 있는 특징이 있다. 후계자는 표면적으로는 '책임 경영'을 내세우면서 이들 회사의 지분을 낮은 가격에 확보한 뒤 기업가치를 단숨에 키워 승계를 위한 지렛대로 이용해 왔다.

앞서 언급했듯 2001년 정몽구 현대차그룹 명예회장이 40%, 장남인 정의선 회장이 60%를 각각 출자해 최초 자본금 12억 5300만 원으로 현대글로비스를 설립했다. 현대글로비스는 현대차, 현대모비스, 기아 등 현대차그룹 계열사의 물류 물량을 사실상 독점하면서 빠른 속도로 이익을 쌓았다. 전략적 제휴에 따른 매도, 상장에 따른 희석, 일감 몰아주기 규제 회피를 위한 매도를 거치며 정의선 회장의 지분율은 20%까지 하락했지만 여전히 승계의 열쇠로 부각되고 있다.

현대차그룹에 현대글로비스가 있다면 삼성그룹에는 삼성 SDS가 있다. 이재용 삼성전자 회장은 1996년 유상증자 납입과 1999년 신주인수권부사채(BW, Bond with Warrant) 인수로 SI(System Integration, 시스템 통합) 회사인 삼성SDS에 대한 지배력을 키웠다. 이때 이건희 삼성전자 선대회장은 BW를 저가에 발행해 삼성SDS에 손해를 가했고, 이는 2009년 특경가법(특정경제범죄 가중처벌)상 배임이 인정됐다. 한편 이재용 회장은 이후 2013년 자신이 지분율 45%로 최대주주로 있던 삼성SNS를 흡수합병 시키면서 삼성SDS에 대한 지배력을 또 한 번 늘리기도 했다.

최대주주 일가와 상장사 간 이해상충 문제는 삼성, 현대, LG, SK 같은 대기업집단뿐 아니라 중견그룹에서도 반복적으로 제기돼 왔다. 제약업계에서는 대웅그룹 관련 사안이 대표저인 논란 사례로 거론됐다. 2023년 대웅그룹은 오너 일가 개인회사였던 디엔코스메틱스(현 디엔홀딩스)와의 거래 및 지원 구조를 두고 공정거래법상 쟁점이 제기됐다.

2023년, 대웅그룹은 오너 일가의 개인회사 디엔코스메틱스(현 디엔홀딩스)를 부당 지원했다는 의혹의 중심에 섰다. 디엔코스메틱스는 '이지듀'라는 보습 화장품을 판매하는 회사다. 이 제품에는 상장사인 대웅제약이 특허를 보유한 핵심 성분 'DW-EGF'가 함유되어 있다. 의혹의 핵심은 대웅제약이 자사의 영향력을 동원해 이 화장품이 '의료기기'로 등록되도록 돕고, 자사의 강력한 병·의원 영업망을 활용해 판매를 지워했다는 것이다.

화장품이 의료기기로 등록되면 실손보험 적용이 가능해져 환자의 부담이 줄어들고, 이는 곧 폭발적인 매출 증가로 이어진다. 실제로 이지듀는 수백억 원대의 매출을 올리며 디엔코스메틱스의 대표 상품으로 자리잡았다. 오너의 개인회사가 스스로의 힘만으로는 일구기 어려운 성과를 상장사 대웅제약의 핵심 자산과 인프라를 발판 삼아 이뤄냈다는 합리적 의심이 제기되는 지점이다. 상장회사가 갖고 있는 사업기회가 개인회사를 키우는 데 사용된, 사업기회 유용의 의심을 받을 수 있는 것이다.

물론 대웅제약 측은 지분 관계가 없는 별개의 회사이며 특허 성분 사용에 따른 마케팅 계약일뿐이라고 선을 그었다. 그러나 시장에서는 사명을 '디엔홀딩스'로 바꾼 것 등을 근거로 이 회사가 향후 그룹 승계 과정에서 중요한 역할을 할 것이라는 관측을 내놓고 있다. 오너 일가가 상장사의 유무형 자산을 사익에 이용할 가능성이 존재하는 한, 소액주주들은 언제든 자신의 부가 다른 곳으로 이전될 수 있다는 불안감을 떨칠 수 없을 것이다.

중견기업도 최대주주 일가의 사익에 열을 올릴 정도이니 중소기업마저 이 행렬에 아무런 문제의식 없이 동참할 정도다. 코스닥시장에는 반도체 장비 제조사 프로텍이 있다. 이곳에서 지분율 약 30%의 최대주주 창업자에 이어 지분율 약 15%로 2대 주주로 올라있는 곳은 엘파텍이라는 회사다.

엘파텍은 창업자 일가가 아닌 프로텍 임원들이 고작 1억 원을 출자해 2012년 설립됐지만 설립 직후 두 차례에 걸쳐 창업자의 두 아들에게 무려 10억 2500만 원 규모의 BW를 발행한다. BW는 신주인수권(Warrant)이 붙은 사채(Bond)이므로 두 아들이 엘파텍의 실질적인 주인이 된 것이다.

이번엔 프로텍이 나설 차례였다. 두 아들이 엘파텍에 대한 지배력을 확보한 직후 프로텍은 100억 원 규모 BW를 산은캐피탈에 발행했다. 산은캐피탈은 인수한 BW에서 신주인수권만 분리해 엘파텍에 매각한다. 두 아들이 엘파텍을 통해 프로텍에 대한 지배력을 행사할 수 있는 연결고리가 만들어지는 순간이었다. 이후 엘파텍은 신주인수권을 행사하고 장내매수까지 병행하면서 프로텍의 2대 주주에 등극한다. 물론 이 순간까지도 두 아들은 엘파텍에 대한 신주인수권을 행사하지 않으면서 검은 장막 뒤에 숨어있었다.

엘파텍은 프로텍 지분 취득에 필요한 돈을 어떻게 마련했을까? 엘파텍은 프로텍의 주력 제품인 반도체 장비에 핵심 부품을 공급했다. 이 때문에 엘파텍 매출액의 90% 이상이 프로텍으로부터 발생했다. 전형적인 일감 몰아주기 수법이다.

하지만 이 작업은 결국 수포로 돌아갔다. 금융위원회 산하

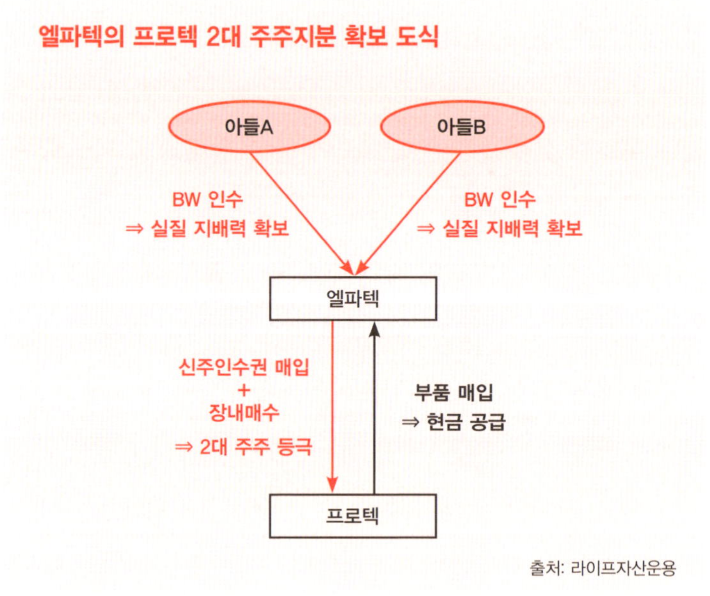

출처: 라이프자산운용

증권선물위원회가 2022년 4월 회계처리기준 위반행위로 프로텍 법인과 대표이사(창업자)를 검찰에 통보한 것이다. 프로텍이 상장폐지 위기에 놓이자 창업자의 두 아들은 보유하고 있던 엘파텍 신주인수권을 포기하고 향후에도 엘파텍이 발행하는 주식이나 주식 관련 사채를 인수하지 않겠다는 눈물의 확약을 하기에 이르렀다. 엘파텍은 프로텍에 제조설비를 모두 매각해 매출 관계도 끊어내면서 빈 껍데기로 남았다.

사모펀드에 올라탄 후계자들

다만 이런 최대주주 일가의 개인적인 출자에 따른 일감 몰아주기 방식은 이후 다양한 규제가 생겨나면서 활용 가치가 축소되고 있다. 대웅제약의 이슈도 공정거래위원회가 직접 문제 삼은 사안이다. 하지만 규제가 나타나면 그 규제를 회피할 새로운 방법을 찾아 끊임없이 진화하는 것이 모진 가족사랑의 힘이다. 이 틈을 비집고 들어온 것은 사모펀드(PE, Private Equity)다. 한국의 기관전용 사모펀드(PEF, Private Equity Fund)는 기업의 구조조정을 촉진하고 국내자본을 육성할 목적으로 2004년 처음 도입됐다. 2004년 2개로 시작해 20년이 지난 2024년 1137개로 불어났다. 이들 사모펀드의 총 약정액은 154조 원에 이른다.

사모펀드가 한국 시장에서 단기간에 득세할 수 있었던 이유는 무엇보다 최대주주 승계의 '백기사' 역할을 자처했기 때문이다. 대기업이 성장성 높은 사업부를 물적분할해 신설법인을 세우고 사모펀드에 이 신설법인의 경영권 지분 또는 소수 지분을 인수하는 카브아웃(Carve-out) 딜이 성행했다.

모든 카브아웃 딜이 그런 것은 아니지만, 이 딜의 핵심은

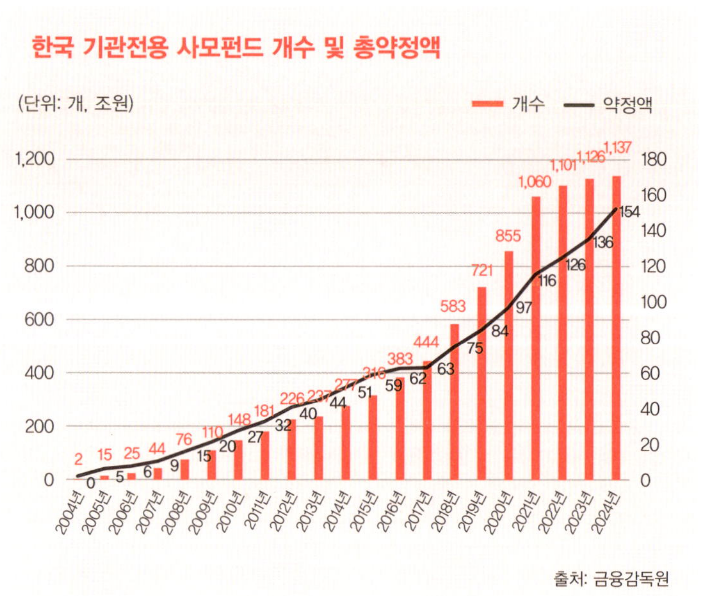

사업부를 물적분할한 대기업의 후계자가 이 신설법인 지분을 인수한 사모펀드에 후순위 출자자로 참여할 수 있다는 점이다. 이렇게 되면 후계자는 이 신설법인에 대해 개인 지분을 낮은 가격에 확보하는 것과 동일한 효과를 얻는다. 이 신설법인은 성장성이 애초에 높기 때문에 향후 높은 밸류에이션으로 상장한다. 후계자가 보유한 지분가치도 크게 뛰어오르면서 상장 후에는 펀드 청산에 따라 큰 차익을 손에 쥔다. 이는 승계를 위한 자금이 된다.

사모펀드가 너도나도 카브아웃 딜에 뛰어든 이유는 사실상 위험이 없는 반면 수익은 높기 때문이다. 일반적으로 카브아웃 딜에서는 향후 신설법인이 상장하지 못할 경우 신설법인을 물적분할한 모기업이 사모펀드가 보유한 지분을 일정 수준의 이자를 붙여 되사주는 조건이 붙는다. 사모펀드로서는 모기업의 신용등급으로 발행한 신설법인의 담보부채권에 투자하는 셈이다. 사실상 위험이 없기 때문에 사모펀드는 레버리지를 크게 일으켜 수익률을 극대화한다. 154조 원으로 성장한 사모펀드 시장, 그 이면의 한 켠에는 사모펀드와 최대주주 일가의 딱 맞아떨어진 이해관계가 있었다.

그리고 비상장주식(Private Equity) 시장의 가파른 성장은 상장주식(Public Equity) 시장의 성장을 저해하는 결과로 이어졌다. 이 전도유망한 사업부를 물적분할로 내줘야 했던 기존 상장사의 소액주주들은 최대주주 일가의 논리에 의해 이익이 침해됐다. 이 사업부의 가치를 빼앗긴 것이다. 상장주식 시장 전반으로도 혁신기업의 자금조달 통로가 아니라 사모펀드의 엑시트와 최대주주 일가의 승계자금 현금화 통로로 기능이 축소됐다. 상장주식 시장의 신뢰가 이처럼 하락하는 사이에 비상장주식 시장의 수익 가능성이 커지면서 시중의 자금은 비상장주식 시장으로 향할 수밖에 없었다.

KOSPI
5000

안타깝게도 한국 주식시장은 '망가진 시장'이라는 말이 과하지 않다.

높은 상속세율, 최대주주의 지배력 유지와 승계 욕구,

주식의 과잉공급 등 다양한 요인이 섞이면서 한국 주식시장은

만성적인 저평가에 시달리고 있다.

망가진 시장을 회복하려면 어떻게 해야 할까.

가장 먼저 주식이 다시 제 기능을 제대로 할 수 있도록 해야 한다.

그러려면 주식의 제 기능,

다시 말해 본연의 기능이 무엇인지부터 알아야 한다.

2부

망가진 주식시장의 대가

4장

"가자! 신대륙으로"
주식이 가져야 할 본연의 기능

최초의 주식회사로 보는
주식의 고유 기능

1653년 8월, 네덜란드령 바타비아(현 인도네시아 자카르타)를 출발해 일본 나가사키로 향하던 한 선원은 폭풍을 만나 제주도 해안에 좌초한다. 이 선원은 조선의 왕이었던 효종의 명령으로 네덜란드로의 귀국을 거부당한 채 한양으로 압송된다. 조총과 신무기를 만드는 데 도움을 줬으며 탈출을 시도하다 유배를 가기도 한다. 14년 만인 1666년 조선을 탈출하는 데 성공한 이 선원은 네덜란드로 돌아가 조선에 머물렀던 경험을 책으로 쓴다. 조선을 서양에 최초로 소개한 이 책은 말 그대로 '대박'을 친다. 『하멜 표류기』로 유명한 바로 그 하멜 얘기다.

지금 400년 전 하멜의 얘기를 꺼낸 이유는 하멜이 선원으로 소속됐던 '회사'의 얘기를 하기 위해서다. 바로 네덜란드 동인도회사(VOC, Vereenigde Oost-Indische Compagnie)다. 1600년 설립된 영국 동인도회사의 대대적인 성공에 자극 받은 네덜란드 상인들이 2년 뒤인 1602년 네덜란드 암스테르담에 설립한 회사다. 네덜란드 동인도회사는 대규모 선단을 꾸려 암스테르담에서 인도, 스리랑카, 인도네시아, 일본, 중국까지 항해했고 향신료, 비단, 허브 무역으로 큰 돈을 벌어들이며 17세기 세계 최대 회사로 군림했다.

네덜란드 동인도회사가 최초의 '주식회사'라는 사실을 아는 사람은 많지 않다. 대규모 선단을 운영하려면 정부, 상인, 부자뿐 아니라 다수 국민으로부터 투자금을 모집해야 했다. 이때 각 투자금에 대한 소유권을 나타내는 권리증서를 발행해 준 것이 주식의 시작이다. 여기서 투자와 배당이라는 새로운 부의 창출 방식을 따르는 현대적 의미의 주식회사가 출현했다. 주식이라는 시스템만 있으면 누구나 주식을 매입하는 것만으로도 회사의 소유자가 될 수 있었다. 이 때문에 주식의 매매를 효율적으로 중개하기 위한 암스테르담 증권거래소가 생겨났다. 세계 최초의 상설 증권거래소다.

다시 400년 후 현재의 한국 주식시장으로 돌아오자. 안타깝게도 한국 주식시장은 '망가진 시장'이라는 말이 과하지 않다. 앞서 언급했듯 높은 상속세율, 최대주주의 지배력 유지와 승계 욕구, 주식의 과잉공급 등 다양한 요인이 섞이면서 한국 주식시장은 만성적인 저평가에 시달리고 있다. 망가진 시장을 회복하려면 어떻게 해야 할까. 가장 먼저 주식이 다시 제 기능을 제대로 할 수 있도록 해야 한다. 그러려면 주식의 제 기능, 다시 말해 본연의 기능이 무엇인지부터 알아야 한다. 이에 대한 답을 보여주는 것이 네덜란드 동인도회사다.

주식의 고유 기능
- 장기 프로젝트에 대한 위험자본의 제공
- 미래의 불확실성에 대한 가격 발견
- 자본주의에 대한 건전한 욕망 자극과 보상

주식의 첫 번째 기능은 장기 프로젝트에 대한 위험자본을 제공하는 것이다. 앞서 출범한 영국 동인도회사만 해도 단일 항해마다 투자자를 모집하는 형태였다. 하지만 네덜란드 동인도회사는 주식을 발행하면서 영속적인 기업이 됐다. 단일 항

61

해에 대한 투자가 아닌 기업에 대한 투자로 패러다임을 바꾼 것이다. 이렇게 되면 네덜란드 동인도회사는 향후 수행할 전체 항해를 뒷받침할 수 있는 자본을 확보할 수 있게 된다.

네덜란드 동인도회사는 다수 주주에게 주식을 발행하면서 자본을 일시에 대규모로 확보했다. 이를 통해 대규모 선단 건조와 무역 거점 설립 등 재빠른 초기 투자가 가능했다. 길게는 3년에 걸친 장기 항해로 해적에게 약탈당하거나 폭풍으로 침몰하거나 질병으로 좌초될 위험을 다수 주주에게 분산시키는 효과도 있었다. 실제로 네덜란드 동인도회사의 주주 명부에서는 당시로서는 소액이었던 50~100길더(Guilder)를 투자한 사례를 다수 확인할 수 있다. 위험자본 제공이 엘리트층에 국한되지 않고 사회 각 계측의 참여로 뒷받침된 모습이다.

주식의 두 번째 기능은 미래의 불확실성에 대한 가격을 발견하는 것이다. 네덜란드 동인도회사 주식은 암스테르담 증권거래소에서 사고팔 수 있었기 때문에 시장가격이 형성됐다. 시장가격은 기업가치와 무역 전망에 대한 집단적인 가치평가를 반영한 것이었다. 당시 투자자들은 항해 소식, 전쟁 결과, 향신료 가격 변화 등 정보를 바탕으로 주식을 매매했으며 이런 정보는 가격에 빠르게 반영됐다. 특히 주식 현물거래를 넘어 옵션과 선도 등 파생상품 거래까지 성행하면서 미래의 가격 변동에 베팅하거나 위험을 관리하는 수단으로 활용되기도 했다.

주식의 세 번째 기능은 자본주의에서의 건전한 욕망을 자극하고 보상하는 것이다. 네덜란드 동인도회사는 주주에게 무역에 따른 이익을 배당했다. 위험자본을 제공한 주주에게 돌아가는 정당한 보상이었다. 네덜란드 동인도회사는 초기 자본금의 5%에 해당하는 수익이 발생할 때마다 배당을 실시한다는 점을 정관에 규정했다. 다만 첫 배당은 설립 후 8년이 지난 1610년에야 실시됐다. 성장이 기대되는 만큼 수익이 발생하면 재투자해야 한다는 이사진의 판단 때문이었다.

초기 배당은 현물배당이었다. 1610년 4월 최초 배당 때는 주식 액면가의 75%를 향신료인 육두구 껍질로 배당했으며 그해 11월 2차 배당 때는 50%를 후추로, 7.5%를 현금으로 배당했다. 이후 현금배당이 주를 이뤘으며 1674년에는 주식 액면가의 99%에 이르는 고배당이 이뤄지기도 했다. 배당은 주가를 올리는 요인이 되기도 했다. 1610년 첫 배당이 발표된 직후 주가가 큰 폭으로 상승 전환했다.

주식의 기능이 완벽하게 작동되는 미국 주식시장

앞서 언급했듯 미국 주식시장은 한국에 비해 압도적으로 높은 밸류에이션을 받고 있다. 오늘날 주식의 이 세 가지 기능이 가장 잘 작동하고 있는 곳이 미국 주식시장이기 때문이다.

첫 번째로 위험자본 제공 기능을 보자. 미국 주식시장에서는 기업이 기업공개(IPO)와 유상증자를 통해 연기금이나 벤처 캐피탈 등 기관투자자와 개인투자자로부터 대규모 위험자본을 장기적으로 조달하고 있다. 일론 머스크의 테슬라(Tesla)는 적자 상태에서도 2010년 IPO로 조달한 2억 2600만 달러를 글로벌 완성차 업체들과의 전략적 제휴, 모델S 개발, 생산 능력 확대에 투자하면서 전기차 대중화를 이끄는 혁신기업으로 성장했다. 모더나(Moderna)도 2018년 IPO로 조달한 6억 430만 달러로 혁신적인 mRNA(메신저 리보핵산) 백신 플랫폼을 구축했고 이후 코로나19 백신으로 결실을 봤다.

두 번째로 가격 발견 기능을 보면, 미국 주식시장은 전 세계 투자자들의 집단적인 판단이 반영되면서 기업가치에 대한 즉각적인 평가가 이뤄진다. SEC(증권거래위원회)의 공시 제도와 글로벌 IB(투자은행)들의 리서치 자료가 더해지면서 가격 발견은 더 정교해진다. 넷플릭스(Netflix)는 디즈니플러스(Disney+)나 HBO맥스(HBOMax) 같은 경쟁자들의 등장으로 성장 가능성이 둔화되면서 한때 주가가 크게 하락했지만 광고 요금제 등 새로운 수익 모델을 제시하면서 주가를 다시 끌어올렸다. 마크 저커버그의 메타 플랫폼스(Meta Platforms)도 메타버스(Metaverse) 사업 확장을 위해 막대한 비용이 소요되면서 한때 주가가 크게 하락했지만 비용 효율화에 더해 인공지능(AI) 기술을 부각하면서 주가를 다시 끌어올렸다.

세 번째로 보상 기능을 보자. 미국 주식시장에서는 기업이 적극적인 현금배당과 자기주식 매입소각으로 주주에게 확실한 보상을 제공한다. 배당을 꾸준히 늘려온 기업을 가리키는 '배당귀족(Dividend Aristocrats)'이라는 말이 있을 정도다. 주주환원은 장기투자를 가능하게 하는 원동력이 된다. 존슨앤존슨(Johnson & Johnson)은 60년 넘게 매년 배당금을 인상해 왔으며 애플(Apple)은 매년 1000억 달러 이상 자기주식을 매입하고 있다.

AI혁명이라는 대항해시대를 목전에 두고

네덜란드 동인도회사가 미지의 바다를 향한 담대한 도전에 자본을 공급했듯, 오늘날 미국의 주식시장도 인공지능(AI)이라는 '신대륙'을 발견하고 개척하는 데 필요한 천문학적 위험 자본을 공급하는 역할을 충실히 해내고 있다.

21세기의 대항해시대는 바로 AI 혁명이다. 오픈AI(OpenAI)의 CEO 샘 올트먼이 AI 반도체 생산을 위해 최대 7조 달러(약 9600조 원)에 달하는 자금 조달을 구상하고 있다는 소식은 이 도전이 얼마나 거대한지를 상징적으로 보여준다. 매년 수십조 원의 적자를 내는 기업이 어떻게 이런 자금을 조달하고 미래를 꿈꿀 수 있을까? 바로 주식시장 덕분이다. 이 거대한 프로젝트의 선단을 만들고 항해의 도구를 공급하는 기업들은 이미 시장에서 엄청난 가치를 인정받고 있다. 엔비디아는 AI 연산에 필수적인 GPU(그래픽 처리 장치)를 사실상 독점하며 시가총액 4조 5000억 달러라는 세계 최고의 기업가치를 만들었고, 이를 바탕으로 오픈AI는 물론 일론 머스크의 xAI 같은 기술기업들에 자금을 제공하는 'AI업계의 중앙은행'과도 같은 역할을 하고 있다.

　엔비디아의 지원을 받아 2025년 상장한 클라우드 컴퓨팅
기업 코어위브(Coreweave) 같은 곳이 대표적이다. 엔비디아로
부터 대규모 GPU를 확보해 AI 모델 개발에 필요한 막대한 컴
퓨팅 자원을 빌려주는 사업을 하는 이 기업에 주식시장은 기
꺼이 자본을 공급했고, 덕분에 수많은 AI 스타트업들이 값비
싼 장비를 직접 구매하지 않고도 신대륙 탐험에 나설 수 있게

AI 생태계 속 상호작용

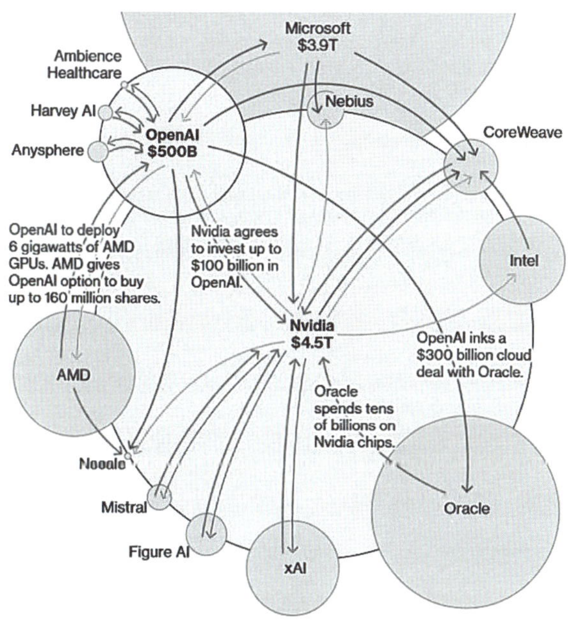

Source: Bloomberg News reporting

출처: 블룸버그

되었다. 이처럼 주식시장은 '비전 제시(OpenAI) → 하드웨어 공급(Nvidia, AMD) → 인프라 구축(Coreweave) → 서비스 확산'으로 이어지는 AI 생태계 전체에 혈액을 공급하는 심장 역할을 하고 있다.

물론 일각에서는 현재의 AI 열풍이 거대한 '버블'일 수 있다는 우려를 제기한다. 단기간에 급등한 기업가치가 과연 지속 가능하냐는 합리적인 의문이다. 하지만 아마존의 창업자 제프 베이조스는 닷컴버블 시기에 무모하게 투자된 수십억 달러 덕분에 전 세계에 광섬유 케이블이 깔렸고, 그 인프라가 있었기에 아마존웹서비스(AWS)와 같은 새로운 혁신이 가능했다고 말했다. 이러한 관점은 현재 미국의 AI시장에도 그대로 적용될 수 있다. 만약 AI버블이 붕괴되어 투자자들이 큰 손실을 보더라도, 미국이라는 국가에는 세계 최고 수준의 AI데이터센터와 반도체공장이라는 실물자산이 남게 된다. 설사 항해에 나선 배 몇 척이 좌초하더라도 이미 신대륙으로 가는 항로와 그곳의 항만시설은 고스란히 남는 것과 같고, 그 인프라는 다음 세대의 혁신가들이 더 큰 도전을 할 수 있는 발판이 될 것이다.

만약 한국에서 비슷한 규모의 투자 열풍과 버블 붕괴가 일어난다면 우리에게 무엇이 남을까? 주주가치를 희석시키는 쪼개기 상장과 불투명한 지배구조 속에서, 혁신을 위한 사회적 자산이 아니라 소수 지분으로 기업 전체를 지배하는 관성적인 지배구조만 남게 될 가능성이 높다. 새로운 기술의 마중물을 부어 신대륙을 만드는 시장과, 오래된 성벽을 더 높고 단단하게 쌓는 시장과의 격차는 점점 더 벌어질 수밖에 없다.

화석이 되어버린 기업들
성장을 돕지 못하는 시장

투자하지 않는 한국 기업들

다음 장의 그래프는 각 국가의 주가순자산비율(PBR, Price-to-Book Ratio)을 계산한 것이다. 국가간 효과적인 비교를 위해 각 국가에서 지나치게 극단적인 숫자를 가진 기업들, 즉 아웃라이어들을 통계적으로 제거한 뒤 시가총액 상위 300개 기업들만 뽑아 2024년 말 재무제표상 순자산을 기준으로 국가별로 PBR의 중위값(Median)을 계산해 봤다. 그래프에서 보듯이, 그리고 이 책에서 반복적으로 보듯이 한국 주식이 당연히 가장 싸다. 중위 PBR이 0.75배밖에 안 된다. 일본, 대만, 미국, 유럽

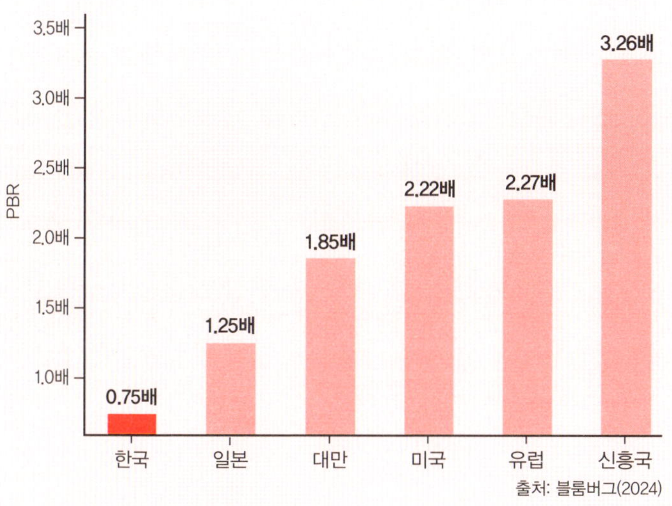

순으로 커지고, 이머징마켓의 경우 3.26배나 된다.

순자산(Book Value)란, 기업이 갖고 있는 자산에서 부채를 뺀 나머지 자본을 말한다. 어떤 회사의 순자산이 100억 원이라면 이 회사가 빚을 다 청산하고도 100억 원 정도의 가치가 남는나는 말이나. 그러므로 PBR이 1배라는 말은 시상에서 딱 청산가치만큼만 가치를 인정받고 있다는 뜻이 된다. 회사 A와 회사 B의 순자산이 각각 100억 원이라고 해보자. A의 시가총액이 50억 원이고, B의 시가총액이 200억 원이라면 각 회사

71

의 PBR은 A가 0.5배, B가 2배가 된다. 앞선 그래프에서 한국의 PBR은 0.75배로 1배가 안 됐다. 기업이 빚을 다 갚더라도 남는 자산을 오롯이 인정해 주지 않는다는 뜻이다.

순자산 가치를 인정받지 못할 만한 이유가 있긴 하다. 회사가 자산을 갖고 돈을 벌어야 하는데, 적절한 이익을 내지 못하고 있기 때문이다. ROE(Return on Equity)는 기업의 순이익을 순자산으로 나눠서 계산한다. 2024년 연간 실적을 기준으로 한국의 중위 ROE는 8.1%로 PBR처럼 비교 국가들 대비 가장 낮

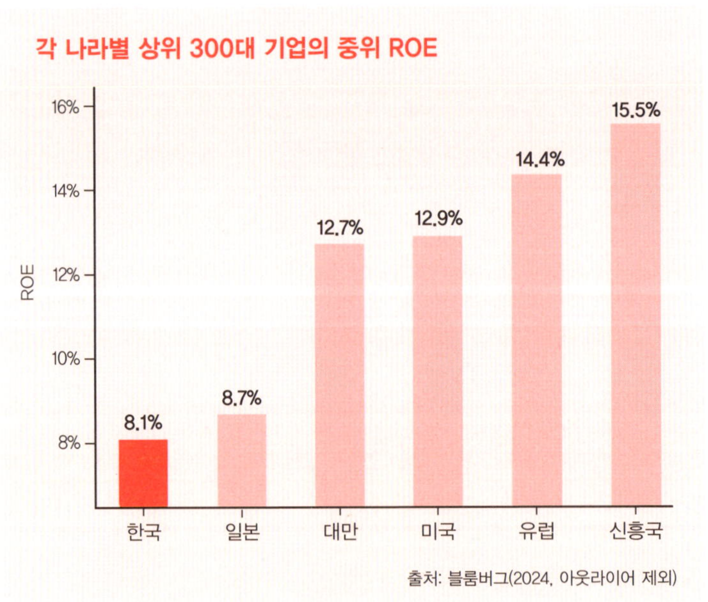

출처: 블룸버그(2024, 아웃라이어 제외)

다. 앞서 예시를 다시 써보면, 한국 기업들은 100억 원의 자산을 갖고 매년 8억 원 정도의 이익을 만들어 낸다. 반면 미국, 유럽, 대만 기업들은 12억~14억 원을 만들어내고 가장 높은 PBR 평가를 받는 이머징마켓에서는 15억 원 이상을 만들어 낸다. 자산을 효율적으로 쓰지 못하고 버는 이익이 작으니, 같은 100억 원을 한국에서는 더 싸게 쳐주는 것이다.

한국 기업들의 ROE가 낮은 것에는 여러 가지 이유가 있을 수 있다. 한국만 특별히 경기가 안 좋았을 수도 있고, 한국의 주력사업이 불리한 환경에 놓여서일 수도 있다. 하지만 한국 상장기업들을 분석해 보면 이런 경기 순환적인 요인보다는 구조적인 문제가 더 크다. 안타깝게도 한국 주식시장은 기업의 성장을 돕는 기능을 제대로 해내지 못하고 있다. 한국 상장기업들이 화석처럼 굳어 있기 때문이다. 살아있는 듯하지만 오래전의 그 모습 그대로를 유지하며 성장동력이 둔화되고 경직됐다.

1920년대 미국 화학기업 듀폰(Dupont)이 고안한 듀폰 분석(Dupont Analysis) 모델을 이용해 ROE가 낮은 이유를 설녕할 수 있다. ROE(Return on Equity)는 원래 순이익(Return)을 자기자본(Equity)으로 나눈 값이지만 듀폰 분석 모델은 이를 세 가지 요소로 쪼갠다. 복잡한 산식 같지만 하나하나 찬찬히 따져보

자. 순이익을 매출(Sales)로 나눈 '순이익률(R/S)', 매출을 자산(Asset)으로 나눈 '총자산회전율(S/A)', 자산을 자기자본으로 나눈 '레버리지비율(A/E)'이 여기에 해당한다.

듀폰 분석 모델

$$ROE = \frac{R}{E} = \frac{R}{S} \times \frac{S}{A} \times \frac{A}{E}$$

ROE의 움직임은 이들 요소의 움직임에 따른 결과로 해석할 수 있다. 세 가지 요소 중 하나라도 하락하면 ROE가 하락하는 식이다.

첫 번째 요소인 순이익률이 하락하면 수익성이 악화됐다는 의미다. 원가 상승이나 판관비 증가가 주요 원인이다. 두 번째 요소인 총자산회전율이 하락하면 보유한 자산에 비해서 매출이 적다는 것이다. 자본집약적인 산업으로 설비투자가 필요해서 총자산회전율이 낮아질 수도 있고, 반대로 자산이 오래돼서 감가상각이 쌓이면 총자산회전율이 올라갈 수도 있다. 세 번째 요소인 레버리지비율이 하락하면 부채 활용이 줄었다는 의미다. 신주 발행이나 순이익 증가로 자기자본이 늘어나거나 차입금을 상환하면서 부채를 줄인 것이 주요 원인이다. **결국 ROE를 높이려면 수익성을 제고하고, 자산을 효율적으로 활용하며, 투자를 확대해야 한다는 뜻이 된다.**

이제 듀폰 분석 모델에 한국 기업을 대입해 보자. 한국 기업들이 화석과 다름없다는 말은 결국 '투자를 하지 않는다'라는 말로 요약할 수 있다. 투자는 기업이 미래를 준비하고 있다는 뜻이고 이것이야말로 화석이 아닌, 역동적으로 살아 숨쉬는 기업이라는 증거다. 먼저 세 번째 요소인 레버리지비율에서 투자 부재가 잘 드러난다. 다음 장의 그래프에서 보듯 한국 기업들의 레버리지비율은 다른 국가에 비해 현저히 낮다. 한국 기업들이 투자를 하지 않으니 부채를 끌어다 쓰지 않으며 벌어들인 돈은 현금으로 쌓아두기 때문이다.

한국 기업들이 보수적이어서 빚을 내기 싫어하는 것일 수도 있겠지만, 3장에서 본 것처럼 지난 20년간 주식을 마구마구 찍어낸 한국 기업들이 그렇게 보수적인 것 같지도 않다. 빚을 꺼렸다기보다는 상속 등을 위해서 기업 오너들이 비상장 개인 기업에 집중하는 동안 상장 기업들에서는 투자하지 않고 방치했다고 보는 것이 맞다. 두 번째 요소인 총자산회전율을 보면 명확하다. 다음 장의 그래프를 보면 ROE가 낮고 레버리

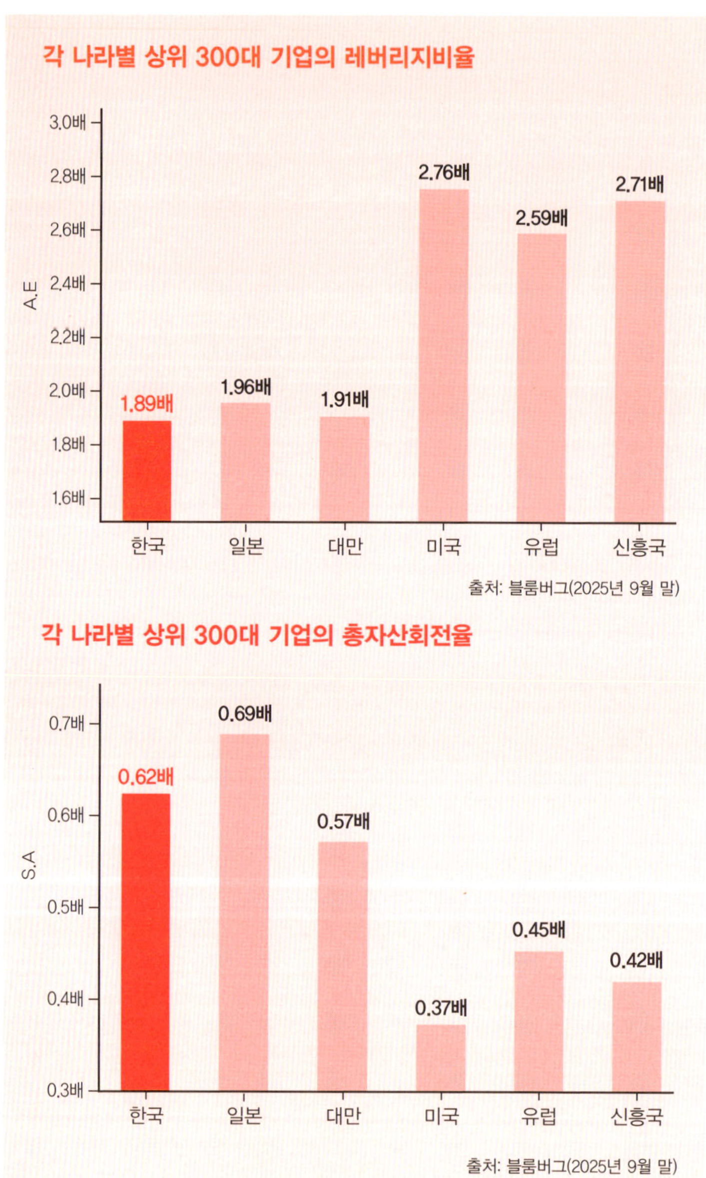

각 나라별 상위 300대 기업의 레버리지비율
3.0배
2.8배
2.6배
2.4배
2.2배
2.0배
1.8배
1.6배
A.E
1.89배
1.96배
1.91배
2.76배
2.59배
2.71배
한국
일본
대만
미국
유럽
신흥국
출처: 블룸버그(2025년 9월 말)
각 나라별 상위 300대 기업의 총자산회전율
0.7배
0.6배
0.5배
0.4배
0.3배
S.A
0.62배
0.69배
0.57배
0.37배
0.45배
0.42배
한국
일본
대만
미국
유럽
신흥국
출처: 블룸버그(2025년 9월 말)

지가 낮은 한국과 일본이 ROE가 훨씬 높은 나라들보다 압도적으로 높은 총자산회전율을 보여준다. 적은 자산으로 큰 매출을 내니 좋은 일 아니냐고 생각할 수도 있지만, 이건 오랫동안 투자를 하지 않아서 감가상각이 누적돼 자산이 줄어들어 발생한 현상이다. 투자를 안 하니 빚을 낼 필요가 없고, 투자를 안 하니 낡은 자산으로 구식 사업을 한다.

그 결과는 첫 번째 요소인 순이익률로 이어진다. 다음 장의 그래프를 보면 한국의 순이익률이 다른 국가에 비해 크게 낮다. 미국, 대만, 유럽 기업들은 적어도 10% 이상의 마진을 낸다. 하지만 한국 기업들의 마진은 고작 5%밖에 안된다. 구식 사업을 투자하지 않고 하던 그대로 하고 있으니 경쟁력이 떨어지고 결국 수익성에 문제가 생기는 것이다. 미국이나 유럽 기업들의 순이익률이 월등히 높다는 건 경쟁력이 낮은 사업을 정리하고 고마진 사업만 한다는 것을 의미한다. 고마진 사업이란 기술과 자본 집약적이면서 브랜드가치에 시장지배력이 있는 사업이다. 물론 고마진 사업에만 집중한 탓에 미국, 유럽의 제조업 기반은 약화되었고 중국과의 무역전쟁이 촉발되기도 했다. 이런 부작용도 있지만 결국 세상을 선도하는 기업에 자본이 몰리면서 생산성이 좋아지고 임금이 올라가며 경제가 발전한다.

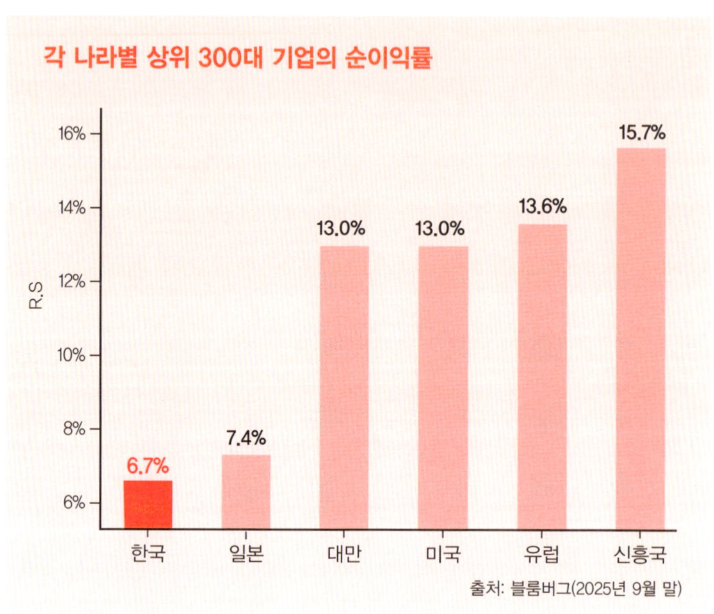

상장기업들이 오랫동안 구식 사업을 쥐고 있는 건 신규 진입자를 막는 효과도 있다. 마진이 떨어지는 사업을 정리하면, 더 잘할 수 있는 신생기업들이 이 사업에 들어와 경제 전체의 효율을 올릴 수 있다. 하지만 돈이 안 벌리는데도 부여잡고 있으면 신생기업의 등장을 막게 된다. 효율적이진 않지만 먼저 또아리를 틀고 들어앉아 있는 큰 기업들을 신생기업이 바로 경쟁하기는 어렵기 때문이다.

주식시장은 성장을 이끌어야 한다. 그럼에도 한국 주식시

장의 첨단에 있는 상장기업들은 성장을 추구하기는커녕 화석이 돼버린 것이다. 낡은 사업을 유지하면 고용이라도 창출하는 효과가 있을 것 같지만 정반대다. 한국 기업들처럼 저마진 사업을 끌고가면 결국 비용 절감을 위해 지속적으로 구조조정에 나설 수밖에 없다. 고용을 창출하는 것은 결국 성장이다.

일본의 사례를 통해 보는 한국 기업의 성장 공식

다시 듀폰 분석 모델의 세 번째 요소인 레버리지비율로 돌아가보자. 레버리지비율을 높이려면 분모인 자기자본을 줄이거나 분자인 총자산을 늘리면 된다. 자기자본을 줄이려면 자기주식 매입소각 등 주주환원을 강화하는 동시에 마진이 안 나오는 기존 비즈니스를 축소해야 한다. 총자산을 늘리려면 자본시장을 활용해 부채를 많이 써서 투자를 확대해야 한다.

여기서 잠시 일본 기업에 대한 행동주의 캠페인을 깊이보자. 일본은 한국과 유사한 데가 많다. 위의 분석에서도 일본은 한국보다는 살짝 낮지만 다른 나라들에 비해서는 현저히 낮은 ROE, 마진, 레버리지비율 그리고 높은 자산회전율을 보이고 있다. 일본은 2012년 아베노믹스 이후 주식시장 부양을 정책 목표로 삼으면서, 이런 낙후된 기업들의 구조에 대한 개선 요구가 크게 높아졌다. 이런 트렌드를 따라 일본은 아시아 국가 중 행동주의 투자자들의 캠페인이 가장 활발한 곳으로 꼽히며 일본뿐 아니라 미국, 영국, 홍콩, 싱가포르의 행동주의 투자자가 다수 진출해 있다. 일본의 행동주의를 언급한 이유는 캠페인의 초점이 대부분 낮은 ROE를 해결하기 위해 비주력사업과 비영업자산에 대한 처분에 초점을 맞추고 있기 때문이다.

삼성물산과 현대자동차에 대한 캠페인으로 한국 시장에도 알려진 미국계 행동주의 투자자 '엘리엇 매니지먼트'는 2024년 도쿄가스에 핵심사업과 무관한 75개 이상 비핵심 부동산자산에 대한 매각을 요구했다. 엘리엇은 도쿄가스가 부동산자산을 매각한 대금을 주주환원과 핵심사업 재투자 재원으로 이용하기를 원했다. 영국계 행동주의 투자자 '에셋 밸류 인베스터스(Asset Value Investors)'는 2023년 도쿄방송홀딩스(TBS)에 핵심사업과 무관한 도쿄일렉트론과 리쿠르트홀딩스 등 투자지분에 대한 매각을 요구했다. 에셋 밸류 인베스터스는 도쿄방송홀딩스의 시가총액이 도쿄일렉트론의 지분가치와 맞먹을 만큼 저평가된 점을 문제삼았다.

이외에도 홍콩계 행동주의 투자자 '오아시스 매니지먼트'

는 2019년 산켄전기에 비핵심사업부인 전력시스템사업부에 대한 매각을 요구했으며, 미국계 행동주의 투자자 '서드 포인트'는 2022년 편의점 '세븐일레븐'을 운영하는 세븐앤아이홀딩스에 비핵심사업부인 슈퍼마켓사업부에 대한 매각을 요구했다. 비핵심자산에 대한 처분을 요구한 캠페인 사례는 이외에도 많다.

이들 사례처럼 비주력사업과 비영업자산을 처분하면 배당 증가로도 이어지지만 무엇보다 선택과 집중에 성공하면서 자본 효율이 증대된다. 2010년 이전으로 돌아가면 일본기업의 PBR과 ROE는 한국보다 훨씬 더 낮았다. 미국과 비교하면 여전히 낮지만, 주식시장 부양정책과 주주행동주의 성과들이 결합되며 일본 기업들은 점진적으로 개선되기 시작했고 오늘날에 이른 것이다.

성장을 멈춰버린 한국 기업들과 달리 이런 노력을 통해 일본 기업들은 성장하면서 고용을 창출한다. '98.1%.' 일본 후생노동성이 2024년 5월 발표한 대학 졸업자의 취업률이다. 일본 대학생들은 졸업하기도 전에 10개 기업을 놓고 골라서 간다는 말이 과언이 아니다. 물론 저출산과 고령화도 한몫했겠지만 청년 50만 명이 '그냥 쉰다'는 한국의 사정과 비교하면 씁쓸하기만 하다.

투전판으로 전락한 주식시장
가격 발견 기능의 소실

왜 오르는지도 모르면서
일단 사고 본다

이재명 대통령과 도널드 트럼프 미국 대통령의 한미정상회담
이 2025년 8월 25일 워싱턴DC에서 열렸다. 이재명 대통령이
취임한 이후 첫 한미정상회담이었던 만큼 백악관에는 긴장감
이 돌았다. 회담장인 집무실로 들어가기 직전 트럼프 대통령
이 이재명 대통령을 직접 방명록 앞으로 안내했고 이재명 대
통령은 미리 준비해간 서명용 펜으로 '한미동맹의 황금시대,
강하고 위대한 미래가 새로 시작됩니다'라는 문구를 써내려갔

다. 긴장감을 깬 것은 트럼프 대통령이었다.

"좋은 펜입니다. 괜찮으시면 제가 사용하겠습니다."

트럼프 대통령의 돌발 요청이었다. 이재명 대통령은 당황하지 않고 양손을 들어 보이며 방명록 작성에 사용한 서명용 펜을 즉석에서 선물했다. 청와대라는 글자가 적힌, 검은색 케이스에 든 두꺼운 갈색빛 펜이었다. 트럼프 대통령은 펜을 들어 주변에 보여주기까지 했다. 현장에 있던 한미 양측 관계자들의 웃음소리가 이어졌다.

다음 날인 26일, 코스피시장에서 모나미 주가가 상한가를 쳤다. 이어 27일에도 5% 상승했다. 아무도 모나미 주가가 왜 오르는지 설명하지 못했다. 사람들은 트럼프 대통령이 관심을 보인 것이 이재명 대통령의 서명용 펜이었고 모나미의 주요 제품이 펜이라는 점을 연결지을 뿐이었다. 재미있는 점은 그 서명용 펜은 모나미가 만두 것도 아니었다는 점이다. 이후 모나미 주가는 이틀 연속 13%, 7% 하락하며 갑작스러운 싱승분을 반납했다.

모나미의 상한가는 한미정상회담에서의 아이스 브레이킹을 위안삼을 수 있으니 그나마 낫다. 하지만 2017년 한국 주식시장을 뒤흔들었던 신라젠 사태는 그저 투기의 장이 되어 버린 한국 주식시장의 단면을 잘 보여준다. 신라젠은 2016년 12월 공모가 1만 5000원에 기술특례로 코스닥시장에 상장했다. 2015년 4월 미국 FDA(식품의약국)로부터 신약 후보물질인 펙사벡에 대해 간암 환자 대상의 임상3상 시험계획을 승인받은 이후 2016년 1월부터 글로벌 임상3상 시험을 진행하고 있었다.

2016년은 한국 주식시장에 제약·바이오 광풍이 불고 있던 때였다. 4월 셀트리온이 미국 FDA로부터 램시마에 대한 최종 판매허가를 획득한 데 이어 11월 삼성바이오로직스가 코스피 시장에 상장했다. 신라젠은 상장 전에도 차기 주자로 시장의

신라젠 최근 10년 주가 그래프

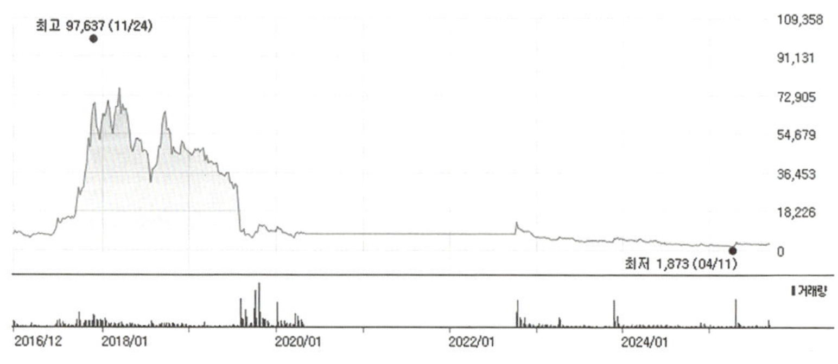

출처: 네이버증권

관심을 받았다. 상장 전 발행한 전환사채(CB)는 PB센터를 통해 고액자산가들에게 불티나게 팔려 나갔을 정도였다. 신라젠 주가는 상장 약 1년 만인 2017년 11월 21일, 종가 기준 13만 1000원으로 공모가보다 무려 773% 상승했다. 한때 시가총액 10조 원을 넘기며 코스닥시장 상위 2위에 오르기도 했다. 말 그대로 신라젠 신드롬이었다.

하지만 신라젠은 기술특례로 상장한 만큼의 이익을 못 내고 있던 회사다. 매년 매출액은 고작 수십억원에 그쳤으며 영업이익은 흑자는커녕 수백억원 적자에 머물렀다. 주가가 고점이었던 2017년 12월과 2018년 1월에 걸쳐 신라젠 최대주주였던 문은상 대표는 보유지분 8% 중 3%를 장내매도해 1326억 원을 현금화하기도 했다. 2019년 8월, 펙사벡에 대한 무용성 평가 결과 임상3상 시험을 중단한다는 소식이 전해졌다. '펙사벡 쇼크'의 시작이었다. 3거래일 연속 하한가를 맞으며 한때 10만 원이 넘었던 주가는 1만 원대로 일시에 추락했다.

문은상 대표는 페이퍼컴퍼니를 통해 350억 원을 빌려 신라젠의 신주인수권부사채(BW)를 인수한 뒤 신라젠에 들어온 자금을 다시 페이퍼컴퍼니에 빌려주는 '자금 돌리기' 수법으로 부당 이득을 취한 혐의에 대해 2022년 12월 특경가법상 배임이 인정됐다. 신라젠은 문은상 대표 기소로 2020년 5월

거래가 정지되기에 이르렀다. 거래는 2년이 훨씬 넘은 2022
년 10월에야 재개될 수 있었다.

투전판에서는 누가 웃을까

앞서 언급했듯 주식의 고유 기능 중 하나는 가격 발견이다. 네
덜란드 동인도회사 주가는 기업가치와 무역 전망에 대한 집단
적인 가치평가를 반영했다. 하지만 모나미와 신라젠 사례에서
보듯 안타깝게도 한국 주식시장에서 가격 발견 기능은 소실됐
다. **시장 참여자 어느 누구도 주가가 기업가치대로 움직인다
고 생각하지 않는다. '주가는 기업가치와 무관한 것'이라는 인
식을 공유한다. 그러다 보니 모두가 모멘텀을 맞히려고만 하
는 투전판이 벌어진다.**

모두가 모멘텀만 바라보는 투전판에서 등장하기 쉬운
것이 신격화다. 2017~2018년이 제약·바이오의 해였다면
2022~2023년은 이차전지의 해였다. 2022년 1월, LG에너지
솔루션이 코스피시장에 상장해 신주모집으로만 10조 2000
억 원을 끌어모으며 이차전지 랠리에 불을 지폈다. 이 가운데
등장한 인물이 이름도 친숙한 '배터리 아저씨'다. 배터리 아

저씨는 유튜브와 방송에 출연하며 LG에너지솔루션이나 삼성 SDI 같은 배터리 제조회사에만 초점이 맞춰졌던 시장의 관심을 배터리 소재회사로 넓혔다. 이 과정에서 주목받은 곳이 에코프로다. 2022년 말 10만 3000원이었던 에코프로의 주가는 2023년 7월 25일 129만 3000원으로 뛰었다. 불과 7개월 만에 상승률이 1155%에 이르렀다. '고점 논란'이 계속됐지만 그때마다 고점을 비웃듯 경신하면서 개인투자자들이 불나방처럼 달려들었다.

시장의 눈길은 의외의 곳으로 옮겨갔다. 배터리 아저씨가 홍보이사로 재직하고 있던 금양이었다. 금양은 원래 고무나 합성수지에 쓰이는 발포제를 만들던 회사다. 하지만 2022년 이차전지 사업에 대한 진출을 갑작스럽게 선언한다. 2022년 말 2만 3900원이었던 금양 주가는 2023년 7월 31일 15만 9100원으로 뛰었다. 불과 7개월 만에 상승률이 565%에 이르렀으며 시가총액도 10조 원 턱밑까지 늘었다. 하지만 금양은 이차전지 사업에서의 매출이 전무했다. 오히려 2024년 9월 배터리공장 건설자금을 충낭한나는 명목으로 4500억 원 규모 주주배정 유상증자 계획을 발표했다가 2025년 1월 철회하면서 불성실공시법인으로 지정되었고, 3월에는 감사의견 의견 거절을 받으면서 거래가 정지됐다.

금양의 사례는 코로나19 시기 신풍제약의 사례를 떠올리게 한다. 코로나19가 확산되던 2020년 한국 주식시장을 지배했던 키워드는 '치료제'였다. 마스크가 필수품이 되고 사람들 사이에 교류가 금지되던 비정상의 시기였던 만큼 정상으로 가장 확실히 되돌릴 수 있는 치료제에 대한 요구는 갈수록 커졌다. 그리고 이런 요구는 주식시장에서의 수익 가능성으로 이어지기에 이르렀다. 코로나19가 아직 중국 우한을 중심으로만 확산되던 2020년 2월, 그동안 잠잠했던 신풍제약 주가는 갑작스럽게 상한가를 친다. 말라리아 치료제가 코로나19 치료에 효과가 있다는 중국 언론의 주장이 한국 주식시장에 전해지면서 신풍제약의 주력 제품이 말라리아 치료제 피라맥스라는 점이 부각됐기 때문이다. 홍남기 당시 경제부총리 겸 기획재정부 장관이 신풍제약 오송공장을 방문하는 행보가 주가 상승을 부추기기도 했다.

코로나19가 확산될수록 신풍제약 주가도 갈수록 높아졌다. 말라리아 치료제의 코로나19 치료 효과에 대한 의학적 근거가 부족하므로 투자에 유의해야 한다는 메시지가 시장에 전달됐지만 실제 치료 효과 여부는 더 이상 중요하지 않을 만큼 신풍제약 주가 상승은 멈출 줄 몰랐다. 2019년 말까지만 해도 7240원에 불과했던 신풍제약 주가는 2020년 9월 18일 19만

8000원이 되며 불과 9개월 만에 2635% 상승했다. 시가총액은 10조 원을 넘겼다. 황당한 점은 단기간에 빠르게 불어난 시가총액 덕에 신풍제약이 2020년 8월 MSCI 한국 지수에, 9월에는 FTSE 글로벌 올 캡 지수에, 12월에는 코스피200 지수에 잇따라 편입됐다는 점이다. 지수 편입에 따른 패시브 자금 유입으로 신풍제약 주가가 상승 탄력을 더 받는 웃지 못할 상황도 벌어졌다.

신풍제약은 주가가 가파르게 오른 기회를 놓치지 않았다. 시가총액이 10조 원을 넘긴 직후인 2020년 9월 22일 보통주 발행주식총수의 2.4%에 해당하는 자기주식을 시간외대량매매(블록딜)로 처분해 2154억 원의 현금을 손에 쥐었다. 신풍제

신풍제약 최근 10년 주가 그래프

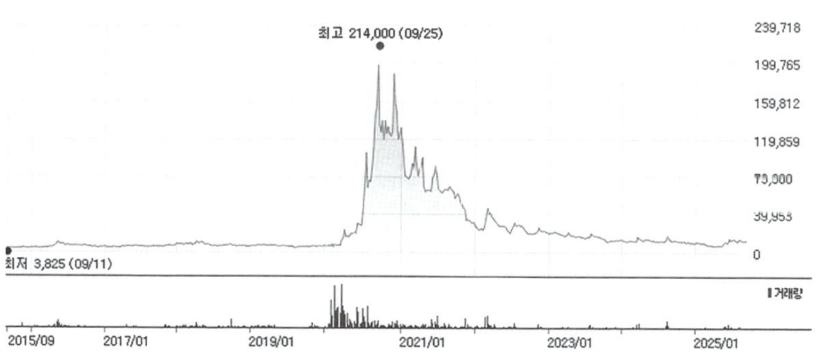

출처: 네이버증권

약의 최대주주인 송암사는 2021년 4월 27일 보통주 발행주
식총수의 3.8%에 해당하는 주식을 시간외대량매매로 처분해
1680억 원을 현금화하기도 했다. 송암사 지분 72%를 보유한
최대주주는 신풍제약의 실질적인 오너로 볼 수 있다.

투전판으로 변질된 주식시장에서 웃는 것은 결국 최대주주뿐이다. 가격 발견 기능을 상실했을 때 이익은 한쪽으로 기울어진다. 정보 비대칭이 심화되면서 상대적으로 내부정보에 대한 접근성이 높고 거래 시점도 조절할 수 있는 최대주주가 우위에 올라서기 때문이다. 결국 공정한 자본배분의 장은 사라지고 최대주주 현금화 수단의 장만 남는다. 앞서 이 책에서도 언급한 미국 주식시장을 떠올려보자. 정보→분석→가격 반영의 선순환 구조를 갖춘 시장 말이다. 넷플릭스 주가는 새로운 수익모델을, 메타플랫폼스 주가는 AI기술 경쟁력을 각각 반영해 상승했다. 모두가 공정하게 이익을 보는 시장, 그것은 바로 가격 발견 기능이 살아있는 시장이다.

7장 의대를 위한 4세 고시의 나라
인재와 자원의 비생산적 배치

의대 가는 한국, 공대 가는 중국

2025년 7월, KBS의 다큐멘터리 한 편이 큰 화제가 됐다. '인재전쟁'으로 이름 붙은 이 다큐멘터리는 '공대에 미친 중국'과 '의대에 미친 한국'의 극명한 대비를 통해 한국의 이공계 기피 현상과 인재구조 왜곡 문제를 지적했다. 중국이 미국과의 기술 격차를 크게 줄일 수 있었던 배경에는 국가 전략 자원에서 공학과 과학 인재를 집중적으로 육성했기 때문이라는 내용이 주를 이뤘다.

하지만 이 다큐멘터리가 반영되기 이전부터 중국 기술력

의 장족의 발전은 화두가 되었다. 앞서 1월, 중국이 기술력으로 세계를 놀라게 한 일대 사건이 벌어졌다. 중국 인공지능(AI) 스타트업이 촉발한 이른바 '딥시크(DeepSeek) 쇼크'다. 딥시크는 139명뿐인 연구인력과 80억 원에 불과한 개발비로 미국 AI 기술력의 표상인 오픈AI(OpenAI)의 GPT4와 견줄 만한 생성형 AI 모델 'R1'을 만들어냈다. 딥시크의 R1 개발비 80억 원은 오픈AI의 GPT4 개발비의 20분의 1에 불과했다. 딥시크 쇼크로 엔비디아, 브로드컴, 오라클 등 미국 빅테크 주가가 전 거래일 대비 13~17% 일시에 하락하기도 했다.

중국의 공대 쏠림과 한국의 의대 쏠림은 '보상'이라는 틀을 대입했을 때 좀 더 명확하게 해석이 가능하다. 인간은 근원적으로 욕망을 갖는다. 사회가 인간의 건전한 욕망을 공정하게 보상할 때 개인과 사회의 발전을 지속시킬 수 있다. 딥시크의 R1 개발 중심에 해외유학 없이 중국에서 양성된 엔지니어들이 있었다는 점은 시사하는 바가 크다. KBS '인재전쟁' 다큐멘터리에서는 선발된 과학 영재에 대해 집중 교육을 제공하고, 실패한 창업 경험도 공무원 시험 가산점 등으로 인정하며, 공학자들에 대한 사회적 존경과 명예를 부여하는 중국의 보상책이 소개됐다.

언젠가 한 대기업 임원이 자녀에게 해줬다는 말을 들은 적이 있다. "좋은 대학을 가라. 대기업에 입사하라. 그리고 한직에 가라"는 것이 그 '지론'의 요지였다. 일단 좋은 대학을 나오고 대기업에만 들어가면 어떤 일은 하든 사회적으로는 명예를 누릴 수 있다는 게 첫 번째 이유고, 어떤 일을 하든 보상의 크기에 차이가 적으므로 무리하기보다는 안정적이어야 한다는 게 두 번째 이유였다. 처한 상황만 다를 뿐 한국 학생들이 의대에 진학하려는 이유와 거의 차이가 없다. 한국 사회에 뿌리 깊게 박힌 인식이다.

저평가를 만드는 보상의 부재

한국 주식시장에 대한 밸류에이션이 고질적으로 저평가 받는데는 이런 한국 사회 전반의 공정한 보상에 대한 부재가 반영돼 있다. 자본주의에서의 건전한 욕망을 자극하고 보상하는 것은 앞서 네덜란드 동인도회사의 사례에서도 알아본 주식의 고유 기능 중 하나다. 주식시장에서의 보상은 네딜란드 동인도회사의 사례처럼 위험자본을 제공한 주주에게 돌아가는 보상이기도 하지만 무엇보다 생산성 혁신을 일으키며 기업공개(IPO)를 성공시키고 기업가치를 끌어올린 창업자와 경영진에 대한 보상이다.

한국 주식시장의 특징 중 하나는 창업자와 경영진이 주식을 팔지 못한다는 점이다. 일단 이들이 주식을 내놓기만 하면 이는 시장에서 주가 고점 신호로 인식돼 주가가 하락하며 대단한 욕을 먹는다. 2021년 카카오페이 경영진에 대한 '먹튀' 낙인이 대표적이다. 카카오페이는 2021년 11월 3일 코스피 시장에 상장하면서 공모가가 9만 원으로 결정됐고 이에 따라 신주모집으로 1조 5300억 원을 유입하는 대흥행에 성공했다. 상장 직후 주가 흐름도 좋았다. 불과 한 달도 되지 않은 11월 29일 종가 기준 23만 8500원으로 치솟았다. 시장의 기대가 한창 고조되고 있던 때였다.

불과 2주 뒤인 12월 10일, 류영준 대표를 포함한 카카오페이 경영진 8명이 앞서 주식매수선택권 행사로 취득한 보통주 전량을 일시에 매도하는 사태가 벌어진다. 류영준 대표는 주당 5000원에 취득한 23만 주를 주당 20만 4017원에 매도하면서 차익이 458억 원에 이르렀다. 경영진 8명의 차익을 합하면 877억 원이나 됐다. 문제는 그 뒤 고점 논란이 불붙으면서 주가가 바닥을 모르고 추락했다는 것이다. 2022년 10월 26일 주가는 3만 3850원으로 1년이 채 되지 않아 고점 대비 무려 86% 하락했다. 주가 폭락의 원인으로 뭇매를 맞은 류영준 대표는 사퇴해야 했다. 류영준 대표가 매도한 주식은 발행 주식총수의 0.17%로 경영진 8명이 매도한 주식을 합산해도 0.33%밖에 안됐다.

윤동한 한국콜마 회장은 보유하고 있던 한국콜마 보통주 10만 9700주 중 절반 이상인 5만 9700주를 2024년 9월 4일부터 10일까지 5거래일에 걸쳐 장내매도해 42억 원을 현금화했다. K-뷰티가 주목받으면서 한국콜마 주가도 상승폭을 키우고 있던 때였다. 손주에 대한 현금 증여 목적의 매도라는 분석에도 윤동한 회장의 주식 매도 소식이 전해진 11일부터 20일까지 한국콜마 주가는 5거래일 연속 하락했다.

그렇다면 미국 주식시장은 어떨까. 한국처럼 창업자나 경영진이 주식을 매도하면 주가 하락의 원인이 될까. 아마존의 창업자 제프 베이조스는 2025년 6월 이탈리아 베네치아에서 앵커 출신 로렌 산체스와 결혼식을 올렸다. 제프 베이조스의 불륜과 이혼, 그리고 재혼에 이르기까지 스토리가 세상에 알려지면서 이 결혼식은 애초에 전 세계적인 관심이 모일 수밖에 없었다. 하지만 그 관심에 불을 지핀 것은 다름아닌 결혼식 비용이었다. 결혼식 비용이 무려 600억 원이 넘는, 말 그대로 '초호화 결혼식'이었다.

이때 제프 베이조스는 결혼식 직전 보유하고 있던 아마존 주식 중 일부인 331만 주를 며칠에 걸쳐 매도했다. 이때 손에 쥔 현금이 약 1조 원에 달한다. 이 중 결혼식 비용으로 6% 정도만 쓴 것이다. 더 호화롭게 했어도 납득이 가는 액수다. 제프 베이조스가 아마존 주식을 매도한 것은 이번이 처음이 아니다. 2002년 이래로 처분한 아마존 주식만 60조 원 상당이다. 제프 베이조스는 2025년 5월 미국 SEC(증권거래위원회)에 제출한 문서를 통해 2026년 5월까지 1년에 걸쳐 최대 2500만 주를 매도할 계획을 밝힌 상태다. 그렇다면 제프 베이조스의 주식 매도가 아마존 주가에 악영향을 미쳤을까. 제프 베이조스가 주식 매도 계획을 밝힌 2025년 5월부터 4개월간 아마존 주가는 하락은커녕 약 20% 상승했다.

물론 미국 주식시장에서 창업자의 주식 매도가 언제나 주가에 아무런 영향을 미치지 않는 것은 아니다. 주식시장에 매도 물량이 많아지면 주가가 하락할 여지도 있다. 일론 머스크가 2021년 11월 주식매수선택권 행사에 따른 세금을 마련하기 위해 테슬라 지분 일부를 매도하면서 테슬라 주가가 일주일 새 약 15% 하락하자 투자자들이 지분 매도를 멈춰달라고 요청하기도 했다. 그럼에도 미국 주식시장은 창업자와 경영진이 정당하게 보상받을 수 있는 시장이라는 인식이 자리잡고 있다. **이 때문에 주식시장은 주식 매도에 따른 현금화를 통**

해 실제 부를 창출하는 곳이다. 그들에게 주식은 '진짜 돈(Real Money)'이다.

　미국 대학의 외국인 유학생 국적을 보면 중국과 인도가 압도적인 1위이다. 인구수를 보면 그럴 수밖에 없다. 3위는 놀랍게도 한국과 캐나다가 앞서거니 뒤서거니 한다. 한국인들은 엄청난 교육열 속에 미국 대학에서 스템(STEM)이라고 부르는 과학, 기술, 엔지니어링, 수학을 공부한다. 하지만 이 유학생들은 교육을 마치고 한국으로 잘 돌아오지 않는다. 웬만하면 미국에서 취업을 하려고 한다. 연봉도 비교가 안되지만 스톡옵션 등 보상체계가 탁월하기 때문이고, 창업을 해도 미국에서 하는 것이 훨씬 더 낫기 때문이다. 중국 유학생도 많이 미국에 남지만, 상당수는 중국으로 돌아와 창업을 하는 경우가 많다.

　이러한 차이에는 망가진 주식시장의 문제가 크다. 의대를 가기 위해서 만 네 살이 되면 학원 입시 시험을 본다고 4세 고시라는 말이 있다. 왜 그럴까. 한국에서 공부하고 일해서 돈을 버는 방법은 의사가 되는 게 최고이기 때문이다. 어느 나라나 의료인은 존경받는 직업이긴 하지만, 한국처럼 돈 버는 최고의 수단은 아니다. **미국이나 중국에게 부를 창출하는 최고의 수단은 창업을 해서 상장하는 것이다. 그게 주식시장의 큰 사회적 기능이다.** 인재와 자원을 생산적인 쪽으로 유도하는 것.

망가진 주식시장을 가진 나라에서는 그게 안 된다. 결국 인재
는 4세 고시와 의대로, 자원은 부동산으로 몰릴 수밖에 없다.

KOSPI
5000

주식은 형평(Equitable)해야 한다.

형평한 권리는 1주 1표의 비례적 이익이 보장되는 것을 뜻한다.

하지만 한국의 대기업집단은 최대주주 일가가 적은 지분으로

절대적인 지배력을 행사하면서 소액주주의 부를 이전시키고 있다.

이 과정에서 소액주주의 이익은 철저히 침해당했다. 그렇다면

최대주주가 소액주주의 이익을 함부로 침해하지 못하도록 제도의

개선이 뒤따라야 한다. 한국 대기업집단의 현실을 타개할

이른바 '주식의 민주화'다.

3부

코스피 5000 시대는 무엇을 요구하는가

'회장님 회사'에서 '주주의 회사'로
상법 개정을 통한 주식의 민주화

적게 소유하고 많이 지배한다

대한민국 정치와 경제의 가장 큰 괴리는 뭘까? 광복 이후 한국은 전 세계가 놀랄 만큼 빠른 속도로 산업화와 민주화를 동시에 달성하며 정치, 경제, 사회, 문화적으로 완전히 새로운 길을 걸어왔다. 한국은 최근 10년 사이에 대통령을 두 명이나 파면했다. 박근혜 전 대통령을 2017년 3월 파면했고, 윤석열 전 대통령을 2024년 12월에 파면했다. 파면 뒤에는 어김없이 새로운 대통령이 국민의 손에 의해 탄생했다. 투표라는 기본 권리를 손에 쥔 대한민국 국민은 국회의원 선거로 입법에, 대통령 선거로 정책에 각각 '민의(民意)'를 반영해 왔다.

반면 한국 기업의 거버넌스는 여전히 과거의 권위적인 모습에 머물러 있다. 주주총회에서 투표를 하지만 형식적인 절차에 그칠 뿐, 이사 선임과 주요 정책에 주주들의 의사를 반영할 실질적 수단이 되지는 못한다. 애초에 '주주'는 없고 '사의(私意)'나 저어도 '총수의 뜻'만 있을 뿐이다. 안타깝게도 한국 대기업집단의 지배구조는 정치적 민주화 수준에 크게 못 미친다. 대부분의 한국 대기업집단은 여전히 창업자 일가가 최대주주로서 경영을 주도하고 있다. 다수의 기관투자자와 소액주주가 이사회를 중심으로 경영에 참여하는 미국과 크게 대비된다.

2025년 공시대상 기업집단의 주식 소유 현황

(매년 지정일 기준)

구 분	총수일가			총수일가 이외			내부지분율 합계
	동일인	친족	소계	계열회사	기타*	소계	
2021년(60개)	1.6	1.9	3.5	51.7	2.8	54.5	58
2022년(66개)	1.7	2.0	3.7	53.3	2.9	56.2	59.9
2023년(72개)	1.7	2.0	3.7	54.7	2.8	57.5	61.2
2024년(78개)	1.6	1.9	3.5	54.9	2.7	57.6	61.1
2025년(81개)	1.6	2.1	3.7	55.9	2.8	58.7	62.4

※기타는 비영리법인·임원·자사주·기타 총수 관련자의 합   ※단위: %

출처: 공정거래위원회(2025년 9월 10일)

한국 대기업집단을 관통하는 문제는 '소유와 지배의 불일치'다. 적게 소유해도 많이 지배한다는 뜻이다. 2025년 9월, 공정거래위원회가 발표한 자료에 따르면 전체 92개 공시대상기업집단(대기업집단) 중 총수 있는 집단 81개의 내부지분율은 62.4%였다. 내부지분율은 국내 계열회사의 발행주식총수 중 동일인(총수)과 친족, 계열회사, 비영리법인, 임원 등 동일인 관련자가 보유한 주식의 비율이다. 다시 말해 대기업집단에 대한 동일인의 실질적인 지배력을 나타내는 지표가 된다. 총수 있는 집단의 내부지분율은 전반적으로 상승하는 추세다. 4년 전인 2021년에는 총수 있는 집단 60개의 내부지분율이 58%였다. 이는 소유와 지배 사이의 괴리가 갈수록 커지고 있다는 뜻이다.

문제는 동일인 지분율이 1.6%에 불과하다는 점이다. 동일인 지분율은 꾸준히 1.6~1.7%를 유지했다. 동일인에 친족까지 포함한 총수일가 지분율도 3.7%에 그쳤다. 총수일가 지분율은 3.5~3.7%를 유지했다. 그렇다면 어떻게 총수일가는 3% 남짓한 지분만 가지고도 실질적으로는 60%가 넘는 지배력을 행사할 수 있을까. 바로 계열회사를 통해서다. 계열회사 지분율은 55.9%에 이르렀다. 심지어 4년 전인 2021년 51.7%였던 점을 고려하면 갈수록 상승하고 있다. 최대주주 지분율이 줄어도 계열회사 지분율만 유지할 수 있으면 대기업집단 전체에 대한 통제에 문제가 없다는 의미다.

여기에서 최대주주와 소액주주 사이에 '대리인 문제(Agency problem)'가 발생한다. 대리인 문제는 위임자인 주체(Principal)와 피위임자인 대리인(Agent) 사이의 이해상충으로 발생하는 나양한 문세를 가리킨다. 최대주주는 높온 지배력을 기반으로 사익을 추구하면서 소액주주의 부를 최대주주로 이전시킨다. 앞서 이 책에서도 다뤘던 승계를 위한 일감 몰아주기, 계열사간 합병이나 인적분할 때 발생하는 자사주의 마법, 쪼개기 상장(물적분할 후 자회사 상장) 등이 모두 여기에 해당한다. 시장이 최대주주와 소액주주간 이해상충을 주가에 반영하면서 뿌리깊은 코리아 디스카운트의 주요 요인이 된다.

주식의 민주화를 위한 첫 걸음, 상법 개정

앞서 주식은 형평(Equitable)해야 한다는 사실을 언급했다. 형평한 권리는 1주 1표의 비례적 이익이 보장되는 것을 뜻한다. 하지만 한국 대기업집단은 최대주주 일가가 적은 지분으로 절대적인 지배력을 행사하면서 소액주주의 부를 이전시키고 있다. 이 과정에서 소액주주의 이익은 철저히 침해당했다. 그렇다면 최대주주가 소액주주의 이익을 함부로 침해하지 못하도록 제도 개선이 뒤따라야 한다. 한국 대기업집단의 현실을 타개할 이른바 '주식의 민주화'다.

건전한 시장 경제의 핵심은 '견제와 균형'이다. 그러나 한국 재벌의 현실은 이 원칙이 작동하지 않는 사각지대다. 극소수의 지분만으로 복잡한 지배구조를 통해 그룹 전체를 좌지우지하고, 능력 검증 없는 3~4세 승계가 당연시되는 풍토는 글로벌 스탠다드에서 한참 벗어난 기형적 형태다. 기울어진 운동장을 바로잡고 불투명한 지배구조를 투명하게 바꾸는 것, 그것이 바로 이 시대가 요구하는 '주식의 민주화'다.

주식의 민주화를 위한 첫 걸음이 상법 개정이다. 상법 개정은 이재명 대통령이 후보 때부터 내세웠던 핵심 공약이다. 소액주주의 권리와 그에 따른 이익, 다시 말해 '권익(權益)'을 강화하려면 상법 개정이 필수적이기 때문이다. 다행인 점은, 그 첫 걸음이 성공적이라는 점이다. 이재명 대통령 취임 힌 달 후인 2025년 7월 3일, 국회 본회의에서 1차 상법 개정안이 가결됐다. 1차 상법 개정 내용은 크게 네 가지다.

1차 상법 개정

- 이사의 충실의무 대상을 기존 회사에서 주주로 확대
- 모든 감사위원 선임 시 최대주주 및 특수관계인 의결권 합산 3% 제한
- 사외이사의 '독립이사' 명칭 변경 및 이사회 내 의무선임 비율 기존 1/4 이상에서 1/3 이상으로 확대
- 상장사의 전자주주총회 도입 의무화

가장 눈에 띄는 변화는 기존에 회사로 국한됐던 이사의 충실의무 대상을 주주로 확대한 점이다. 상법은 이사가 직무를 충실히 수행해야 한다는 충실의무(상법 제382조의 3)를 명시하고 있다. 핵심은 누구를 위할 것인가, 다시 말해 이사가 충실해야 할 대상이다. 기존에는 회사의 법인격과 주주를 구분해 충실의무 대상을 회사에 한정했다.

여기에는 중요한 역사적 배경이 있다. 앞서 이 책에서도 언급했듯 1996년 에버랜드 전환사채(CB) 저가발행 사건에 대한 2009년 대법원 판례가 그것이다. 이 사건을 좀 더 자세히 들여다보자. 이 사건은 이재용 삼성전자 회장이 삼성그룹에 대한 지배력을 확보할 수 있었던 근간으로 회자된다. 전환사채는 미리 정해진 가격(전환가격)에 주식으로 전환할 수 있는 권

리가 붙은 채권을 말한다. 에버랜드는 주주배정 방식으로 시가보다 훨씬 낮은 전환가격에 전환사채를 발행했다. 헐값에 발행한 전환사채를 사면 시가와 전환가격의 차이만큼 큰 이익을 벌겠지만, 삼성그룹 계열사들과 전현직 임원들로 구성됐던 에버랜드의 주주들은 이 기회를 모두 포기했다. 배정된 주식에 대해 주주가 인수를 포기하면 그 주식은 실권주가 되면서 이사회 결의를 거쳐 제3자에게 배정할 수 있게 된다. 에버랜드는 그렇게 발생한 실권주를 이건희 삼성전자 선대회장의 자녀인 이재용 회장을 포함한 사남매에게 배정했다.

검찰은 전환사채 헐값 발행에 대해 이건희 선대회장을 포함한 에버랜드 임원(이사)을 업무상 배임죄로 기소했지만 대법원은 이를 무죄로 판결했다. ‘주식회사의 이사는 회사의 사무를 처리하는 자의 지위에 있지만, 회사와 별개인 주주들의 사무를 처리하는 자의 지위에 있는 것은 아니다’라는 취지의 대법원 판단이 근거였다. 전환사채 발행으로 이 혜택을 보지 못한 주주들의 피해는 발생했지만 이사들이 주주들을 위해 존재히는 것은 아니므로 무죄라는 결론이다.

이사의 충실의무 대상에서 주주를 철저히 배제하는 판례가 생겨버린 것이다. 이후 법원은 판단 때마다 이 판례를 따랐고, 수많은 소액주주 기만행위들은 하나같이 다 무죄 판결을 받았다. 하지만 이번 상법 개정으로 이사의 충실의무 대상에 주주가 추가되면서 이사회 구성원들에게 마침내 주주 권익 보호에 대한 책임을 부과하게 됐다. 민주주의에 비유하자면 이사회는 국회이고 이사회 구성원들은 총선에 해당하는 주총을 통해 선임된다. 국회의원이 국민의 이익을 돌보지 않아도 되는 판례가 있다면 그걸 누가 정상이라고 생각할까? 하지만 한국 상법에서는 주주들을 대리하는 이사회가 주주피해를 돌보지 않아도 된다고 인정해 왔던 것이다. 이런 터무니없는 허점이 겨우 2025년에 들어서야 시정된 것이고 이제 이사회는 의사결정에서 소액주주 권익의 침해 여부까지 따지게 됐다.

모든 감사위원 선임 시 최대주주 및 특수관계인의 의결권을 합산 3%로 제한한 점도 눈여겨봐야 한다. 감사위원회는 재무상태를 포함한 회사 업무 전반을 감독하는 이사회의 기구다. 상법은 자산총계 2조 원 이상인 대규모 상장사에 대해 감사위원회 설치를 의무화하고 있다. 이 때문에 감사위원회는 최대주주를 견제할 수 있는 대표적인 기구로 꼽힌다. 기존에도 감사위원회 구성에 소액주주가 의사를 반영할 수 있도록 하는 이른바 '3%룰'(상법 제542조의 12)이 존재했다. 기본적으로 감사위원을 선임할 때는 최대주주든 소액주주든, 모든 주주의 의결권은 주주 개별에 대해 최대 3%로 제한한다.

하지만 최대주주의 의결권을 특수관계인과 합산해 최대 3%로 제한하는 경우가 있는데 바로 '사외이사가 아닌 감사위원'을 선임할 때에 한해서다. 상장기업들은 이를 악용해 사외이사를 대주주나 경영진 측근으로 채운 뒤 감사위원회를 이들 사외이사로만 구성했다. 대주주가 찍은 사외이사들은 '사외이사인 감사위원'이 되므로 주주총회에서 합산 3% 의결권 제한 없이 감사위원으로 무사통과 됐고, 이렇게 측근들로 구성된 감사위원회는 고유의 경영 감시 기능을 수행할 수 없었다.

하지만 이번 개정으로 합산 3% 의결권 제한은 사외이사인 감사위원을 포함한 '모든 감사위원'을 선임할 때 일률적으로 적용되게 된다. 감사위원을 선임할 때는 최대주주가 지분을 10% 보유하든 20% 보유하든, 아무리 많이 보유하더라도 특수관계인과 합산해 3%까지만 의결권을 행사할 수 있다는 의미다. 소액주주들이 연대해 3% 이상의 지분을 모은다면 대주주만이 아닌 주주 전체의 이익을 대변할 수 있는 인사를 감사위원회로 구성할 수 있게 됐다. 감사위원의 독립성을 기존보다 강화해 최대주주에 대한 견제 효과를 높이겠다는 의도다.

1차 상법 개정안이 가결된 지 두 달이 채 지나지 않은 2025년 8월 25일, 국회 본회의에서 2차 상법 개정안이 통과됐다.

2차 상법 개정

- 자산 2조 원 이상 상장사의 이사 선임 시 집중투표제 의무화
- 감사위원 분리선출 기존 1명에서 2명 이상으로 확대

먼저 자산 2조 원 이상 대규모 상장사에 대해 집중투표제를 의무화했다. 집중투표제는 모든 주주가 1주당 선임할 이사 수만큼 의결권을 갖는 투표 방식이다. 선임할 이사 수가 3명이라면 8주를 보유한 주주는 24표의 의결권을 갖는 식이다. 이렇게 되면 소액주주는 특정 후보에게 표를 몰아줘 선임 가능성을 높일 수 있다. 특히 소액주주가 연합할수록 집중투표제의 힘은 더 커진다. 몰아줄 수 있는 표가 더 많아져 특정 후보의 선임 가능성을 더 높이기 때문이다.

집중투표제는 상법(제382조의 2)에서 정하고 있는 투표 방식이지만 기존에는 특례(제542조의 7)로 기업이 정관을 통해 배제하는 것이 가능했다. 이 때문에 대부분 기업이 정관에 '집중투표제를 실시하지 아니한다'는 취지의 문구를 넣어 집중투표제를 배제하고 있는 것이 현실이었다. 하지만 상법이 개정되면서 대규모 상장사는 정관으로 집중투표제를 배제할 수 없도록 규정했다.

감사위원 분리선출 대상을 기존 1명에서 2명 이상으로 확대하는 내용도 2차 상법 개정에 포함됐다. 감사위원 분리선출은 이미 선임된 이사 중에서 감사위원을 정하는 것이 아니라 주주총회에서 감사위원을 이사 선임과 분리해 별도로 선출하는 방식이다. 앞서 2020년 12월 소액주주의 권리를 보장하고 감사위원의 독립성을 확보하기 위해 감사위원 1명을 분리선출 하도록 상법(제542조의 12)을 개정한 바 있다. 이번에 이 분리선출 대상을 최소 2명으로 재차 확대한 것이다. 마찬가지로 감사위원의 독립성을 강화하고 최대주주를 견제하려는 목적이다.

——— 주식 민주화로의 길, 무엇이 더 필요할까

2025년 이뤄진 1차와 2차 상법 개정은 이사회와 감사위원회의 독립성을 강화하고 소액주주의 주주총회 참여를 확대하는 기초적인 토대를 만들었다. 주식의 민주화를 위한 의미 있는 첫 걸음이었다. 여기에 더해 당정은 진정한 주주자본주의를 완성하고 시장 신뢰를 회복하기 위해 다양한 과제를 논의하고 있다. 자기주식 원칙적 소각이 대표적이다. 앞서 언급했듯 자기주식을 발행주식총수의 24% 이상 보유하고 있는 SK㈜처럼 최대주주가 자기주식을 경영권 방어 수단으로 사유화하고 있는 사례를 쉽게 찾을 수 있다. 또 주주환원 명목으로 자기주식을 매입했다가 소각하지 않으면 시장에서 잠재적인 매도 물량으로 인식해 주가를 억누를 수 있다.

자기주식 원칙적 소각의 쟁점은 이미 보유하고 있는 자기주식에 대한 소각 여부다. 향후 취득할 자기주식에 대해서는 소각에 대부분 이견이 없다. 하지만 이미 보유하고 있는 자기주식까지 소각을 강제할 경우 SK㈜처럼 자기주식을 발행주식총수의 높은 비중으로 보유하고 있는 기업은 급진적인 변화가 예상된다. 이 때문에 이미 보유하고 있는 자기주식은 의무소각 대상에서 제외하거나 의무소각 대상에 포함하더라도 소각에 충분한 시간을 부여하는 방향으로 논의되고 있다. 다만 요건을 완화할수록 개정 실효성은 줄어들기 때문에 갑론을박이 이어지고 있다.

2025년 11월, 일부 개정안이 발의되면서 3차 상법 개정안의 윤곽이 잡혔다. 이 상법 일부개정안에는 향후 취득할 자기주식은 1년 이내에 소각하는 것을 원칙으로 하되 임직원 보상에 한해 주주총회에서 승인받을 경우 보유가 가능하도록 하는 내용이 포함됐다. 이미 보유하고 있는 자기주식도 1년 이내에 소각하는 것을 원칙으로 하되 6개월의 추가 유예기간을 부여했다. 자기주식이 자산이 아닌 자본이며 아무런 권리가 없다는 점도 명시됐다. 이로써 자기주식을 활용한 교환사채(EB)의 발행이나 합병 또는 분할 때 자기주식에 대한 신주 배정을 금지하는 내용도 포함됐다.

의무공개 매수제도 도입도 활발히 논의되고 있다. 그동안 경영권 인수 때 최대주주 지분에만 프리미엄이 부여되면서 소액주주는 지분가치를 제대로 평가받지 못했다. 그래서 경영권 인수에 반대하더라도 지분을 매각할 수 있는 기회가 없었다. 의무공개 매수제도가 도입되면 경영권 인수 때 최대주주 지분을 인수한 가격과 동일한 가격에 소액주주 지분을 의무적으로 인수해야 한다. 이렇게 되면 소액주주에게도 경영권 프리미엄을 공정하게 배분할 수 있어 최대주주와 소액주주간 이해상충을 완화할 수 있다. 의무공개 매수제도는 대부분 국가에서 도입하고 있다. 영국과 독일은 30% 이상, 일본은 3분의 1 이상 각각 매수할 경우 나머지 주주에게도 동일한 가격으로 매수 기회를 제공해야 한다.

소액주주와 대주주가
같은 곳을 바라보는 것
세법 개정을 통한 이해관계 일치

분리과세, 배당의 빗장이 풀리다

앞서 살펴본 것처럼 이재명 정부 출범 이후 상법 개정이 속도
감 있게 진행됐다. 상법 개정의 의미는 다시 말해 최대주주가
'나쁜 짓을 못하게 막는' 데 있다. 이사의 충실의무 확대로 소
액주주 피해에 대한 법적 책임을 물을 수 있게 됐고, 독립이사
도입과 3%룰 확대로 소액주주의 이해관계를 대변하는 사람
들이 이사회에 진입할 수 있는 길을 열어줬다. 정원 가꾸기로
따지면 나쁜 것을 없애는 작업이다. 해충을 방제했으면 이제
는 거름이 되는 좋은 양분을 줄 차례다. **상법 개정이 악한 행**

2025년 7월 31일, 기획재정부가 발표한 '2025년 세제개편안'에 고배당기업에 대한 배당소득 분리과세를 도입하는 내용이 처음 포함되었다. 정부가 발표하는 세제개편안은 국회가 심사를 거쳐 최종 확정하는 것이 순서다.

먼저 현재 소득세법에 따라 배당소득에 과세하는 방법을 찬찬히 살펴보자. 배당소득과 이자소득을 포함하는 금융소득의 합계액이 연간 2000만 원까지는 14%(지방소득세 포함 시 15.4%)의 원천징수세율이 적용된다. 원천징수란 애초에 '이만큼'의 세금을 떼고 지급받는다는 의미다. 이 때문에 별도의 종합소득세 신고가 필요 없다. 하지만 금융소득의 합계액이 2000만 원을 초과하면 2000만 원까지는 14%로 원천징수하되 2000만 원 초과분에 대해서는 별도의 종합소득세 신고를 통해 근로, 사업, 연금 등 다른 소득과 합산한 후 6~45%(지방소득세 포함 시 6.6~49.5%)의 종합소득세율이 적용된다. **결국 배당소득이 많아지면 종합소득세 최고세율 45%가 적용되면서 세금 부담이 눈덩이처럼 불어나는 것이 현재의 구조다.**

2025년 7월 발표된 정부안을 살펴보자. 배당소득 분리과세가 도입되면 고배당기업에서 받은 배당소득은 2000만 원이 넘더라도 금융소득 종합과세에서 제외해 분리과세된다. 이때 적용되는 세율은 종합소득세율보다 낮아진다. 고배당기업에서 받은 배당소득이 2000만원 이하일 경우에는 14%로 동일하지만 2000만 원 초과 3억 원 이하는 20%(지방소득세 포함 시 22%), 3억 원 초과는 35%(지방소득세 포함 시 38.5%)로 각각 제시됐다. 고배당기업에는 배당성향이 40% 이상인 기업이나, 배당성향이 25% 이상이면서 배당이 직전 3년 평균 대비 5% 이상 증가한 기업을 포함시켰다. 배당성향이 50%인 A기업과 배당성향이 10%인 B기업으로부터 배당을 모두 받았다면 A기

고배당기업 분리과세에 대한 2025년 세제개편안

□ 고배당기업에 대한 배당소득 분리과세 도입 (조특법)

ㅇ **고배당 상장법인***으로부터 **거주자**가 받은 **배당소득**에 대해 종합소득 과세(14~45% 세율) 대상에서 제외하여 **분리과세 허용** (적용기간: '26~'28년 사업연도에 귀속되는 배당분)

* 공모·사모펀드, 리츠, SPC 등 제외

❶ 적용요건 (① and ②)	① 전년 대비 현금배당액이 감소하지 않을 것 ② ⅰ) 배당성향 40% 이상 또는 ⅱ) 배당성향 25% 이상 및 직전 3년 평균 대비 5% 이상 배당 증가 상장법인
❷ 대상소득	현금배당액(중간·분기·결산배당)
❸ 적용세율	(2천만원 이하) 14%, (2천만원~3억원) 20%, (3억원 초과) 35%

출처: 기획재정부(2025년 7월 31일)

업 배당만 분리과세되고 B기업 배당은 원래대로 종합과세된다는 뜻이다.

정부안에 제시된 세율 수준만으로도 한국 기업이 배당을 늘리는 분명한 계기를 만들어낼 수 있었다. 기존 종합소득세 최고세율이 45%인데 정부안에서 제시된 배당소득 분리과세 최고세율은 35%이므로 최대주주의 세금 부담을 실질적으로 낮춰주기 때문이다. 다만 정부안 발표 이후 배당소득 분리과세 최고세율을 더 낮춰야 한다는 목소리가 힘을 받았다. 배당소득 분리과세는 일종의 당근책인데 당근책으로서 실효성이 있으려면 현행 종합소득세 최고세율 45%와의 차이를 더 벌려야 한다는 의견이었다.

정부안이 발표된 지 4개월이 지난 12월 2일, 조세특례제한법 개정안이 여야 합의로 국회를 통과했다. 배당소득 분리과세 조건이 최종 확정된 것이다. 고배당기업에 대한 배당소득 분리과세에 적용되는 세율은 배당소득이 2000만 원 이하는 14%, 2000만 원 초과 3억원 이하는 20%로 정부안과 동일하지만, 50억 원 초과 구간이 신설되면서 3억 원 초과 50억 원 이하는 25%(지방소득세 포함 시 27.5%), 50억 원 초과는 30%(지방소득세 포함 시 33%)로 각각 확정됐다. 고배당기업에는 배당성향이 40% 이상인 기업이나, 배당성향이 25% 이상이면서 배당

과세표준	세율
0~2,000만 원 이하	14%
2,000만 원 초과~3억 원 이하	20%
3억 원 초과~50억 원 이하	25%
50억 원 초과	30%

※ 고배당기업 배당소득은 금융소득종합과세 대상에서 제외해 분리과세, 2026년 사업분에 대해 2027년 배당부터 적용, 2028년까지 3년간 한시 적용

출처: 기획재정부, 국회

이 직전 연도 대비 10% 이상 증가한 기업을 포함시켰다. 최고 세율을 35%에서 30%로 낮추는 대신 고배당기업 적용요건을 더 엄격하게 만든 것이다.

배당소득 분리과세가 중요한 이유는 최대주주와 소액주주의 이해관계를 일치시킬 수 있는 수단이기 때문이다. 그동안 배당소득에 대한 과세구조는 최대주주와 소액주주의 이해관계에 대한 불일치를 발생시켜 기업이 배당성향을 낮게 유지하는 주요 요인으로 지적됐다. 기업의 배당에 따라 배당소득을 가장 많이 가져가는 것은 당연히 지분율이 가장 높은 최대주주다. 배당소득 분리과세가 적용되지 않을 경우 최대주주는 배당소득이 많으므로 종합과세 대상이 돼 세율이 최고 49.5%까지 올라갈 가능성이 높다. 반면 소액주주는 원천징수 대상

으로 세율이 15%대에 머무르는 경우가 대부분이다. 이 때문에 배당소득 분리과세를 도입해 최대주주의 세금 부담을 낮춰주면 기업의 배당성향도 제고할 수 있다는 논리다. 배당을 늘리면 주가에도 긍정적이다. 투자자들의 고배당주에 대한 선호가 증가하면서 주가가 재평가 받을 가능성이 높고 배당이 받쳐주니 주가 안정성도 높아진다.

대만시장 상장기업의 2024년 배당성향은 56~58%나 된다. 한국 기업의 배당성향이 27~28%이므로 대만 기업이 딱 2배다. 대만은 이미 2018년 1월 18일 배당소득 분리과세를 도입했다. 대만시장의 시가총액 재평가가 배당소득 분리과세 도입 이후 시작된 것은 결코 우연이 아니다. 코스피지수 4000을 기준으로 배당수익률은 1.37%다. 만약 한국 기업의 배당성향이 대만과 같은 수준으로 2배로 상승할 경우 배당수익률도 2배인 2.7~2.8%가 될 것이다. 이는 2.6% 안팎으로 형성돼 있는 시중은행 정기예금 금리보다 높은 데다 이자소득으로서 종합소득세에 포함되는 예금과 달리 배당소득으로서 분리과세되므로 오히려 세금 부남이 낮아진다. 한국 주식에 대한 배당투자 매력이 크게 높아지는 것이다.

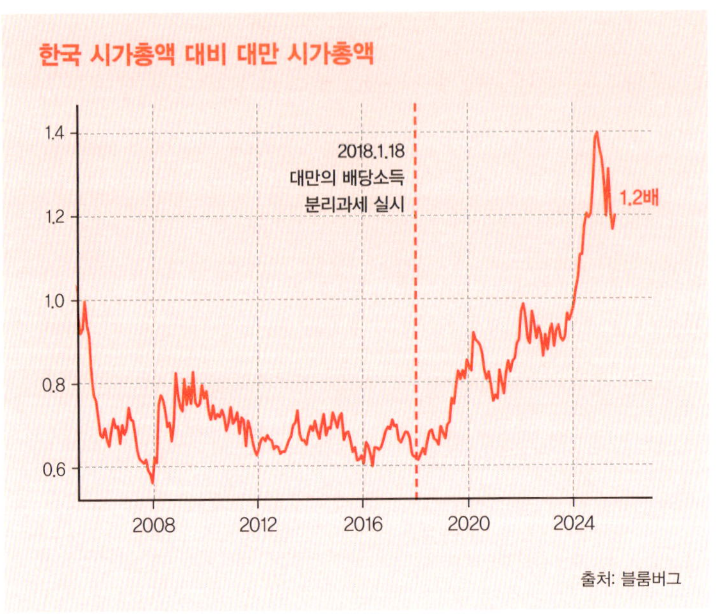

세율의 불균형이 만든 승계 전쟁

이제 상속세를 손질하는 일이 남았다. 앞서 이 책에서도 다뤘듯 한국의 상속세율은 최고 50%로 OECD(경제협력개발기구) 회원국 중 일본(55%)에 이어 2위이며 최대주주 할증(20%)을 반영하면 최고 60%로 1위다. 높은 상속세 부담으로 주가를 낮게 유지하려는 최대주주와 주가를 높이라고 요구하는 소액주주 사이에 이해관계의 불일치가 나타나고 있다.

최대주주와 소액주주의 이해관계를 일치시키는 가장 확실한 방법은 모든 세율을 일치시키는 것이다. 상속증여세율이 50%가 넘는 상황에서 주식의 양도세는 대주주 기준으로 25%에 불과하다. 자식들에게 회사를 물려주는 것보다 회사의 이익을 빼돌려서 자식들만의 회사를 만들고 그 회사를 상장시키거나 매각하는 게 세금을 절반으로 아끼는 길이라면 누군들 그 길을 가지 않겠는가. 부자가 더 많은 세금을 부담해야

국내 주식 양도소득세율

구 분			~ '15.12.31.	'16.1.1. ~ '17.12.31.	'18.1.1. ~	'20.1.1. ~
대주주	중소기업	상장·비상장	10%	20%	20%	20%
	중소기업 외	상장·비상장	20%	20%	과세표준 3억 원 이하 20% / 과세표준 3억 원 초과 25% (누진공제 1천 5백만원)	과세표준 3억 원 이하 20% 과세표준 / 3억 원 초과 25% (누진공제 1천 5백만원)
	중소기업 외	1년 미만 보유	30%			
대주주 외	중소기업	상장·장외거래 비상장	10%			
	중소기업 외	상장·장외거래 비상장	20%			

출처: 국세청

한다는 '응능부담'의 철학도 좋지만, 한국의 세법은 여러 정치적 의도로 누더기가 되면서 세율의 불균형 문제가 심각한 상황이다. 연봉 1억 5000만 원이 초과하면 소득세율이 40%(주민세 포함)를 훌쩍 넘어가게 된다. 억대 연봉이 높은 세금을 내야 한다는 것은 일견 타당해 보이지만, 1가구 1주택 양도세 부담은 25%에 불과해 실기주 요건만 충족시키면 아파트로 10억, 20억을 벌어도 세율이 소득세율의 절반에 불과하다. 이런 세율의 불균형하에서 대한민국이 아파트 공화국이 되는 것은 지극히 당연한 일이다.

상속세도 다른 세율과 균형을 맞출 필요가 있지만 이를 위해서는 부자 감세에 대한 사회적 저항을 극복해야 하며 인하 수준에도 사회적 합의가 필요하다. 당장 결론을 내기 어려운 일이다. 이 때문에 공제를 강화해 실질적인 상속세 부담을 덜어주는 대안을 생각해 볼 수 있다. 대표적인 것이 가업상속공제다. 가업상속공제는 상속세 및 증여세법(제18조의 2)이 정하고 있는 가업승계지원 제도다. 상속공제로 상속세 부담을 경감해 준다. 가업상속공제를 주목하는 이유는 상속세율을 비교적 높게 매기고 있는 일본과 독일이 한국의 가업상속공제와 유사한 승계지원 특례를 이용해 실질적인 상속세 부담을 덜어주는 데 성공했기 때문이다.

　국세청에 따르면 한국의 2024년 가업상속공제 이용건수는 184건, 공제금액은 5655억 원에 그쳤다. 최근 수년간 전반적으로 증가해 왔지만 여전히 유명무실한 수준이다. 반면 가업상속공제와 유사한 독일의 '사업자산승계'는 연평균(2017~2022년) 이용건수가 1만 434건, 감면금액이 138억 8000만 유로로 원화로 따지면 20조 원이 넘을 만큼 활발히 이용되고 있다.

　이는 한국의 공제 금액이 너무 적은 데다 공제 요건도 너무

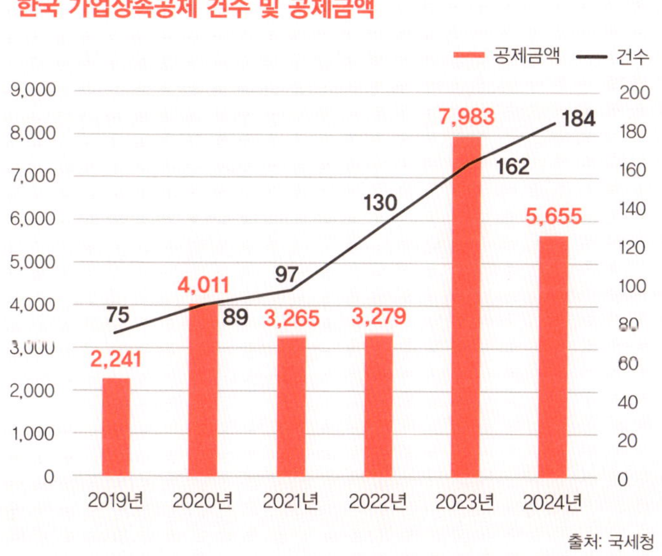

한국 가업상속공제 건수 및 공제금액

출처: 국세청

까다로운 탓이다. 먼저 공제 금액을 비교해 보자. 한국은 피상속인의 경영 기간에 따라 300억 원, 400억 원, 또는 600억 원을 공제받을 수 있다. 최고 금액인 600억 원을 공제받으려면 피상속인의 경영기간이 30년 이상이어야 한다. 반면 일본의 '법인판 사업승계세제'는 상속세의 80%에 대한 납부를 유예해 주며 2027년까지 상속에 대해서는 특례를 적용해 100%에 대한 납부를 유예해 준다. 유예 후 사후관리 요건을 충족할 경우 최종 감면해 주는 구조다. 독일도 상속세의 85%를 감면해 주며 더 엄격한 사후관리 요건을 따를 경우 100%를 감면해 준다. 일본과 독일 모두 요건만 충족하면 상속세를 아예 내지 않아도 된다는 뜻이다.

공제 요건도 까다롭다. 대표적으로 공제 혜택을 받을 수 있는 기업에서 차이가 난다. 한국은 자산총액이 5000억 원 미만인 중소기업이나 직전 3개년 평균 매출액이 5000억 원 미만인 중견기업에 한정된다. 하지만 일본은 비상장 중소기업이면 모두 가능하며 독일의 경우 이 마저도 제한이 없다. 사후관리 요건 중 자산 유지 요건에도 차이를 보인다. 한국은 가업용 자산의 40% 이상 처분이 금지된다. 하지만 일본은 처분을 금지하는 별도의 정량적인 규정은 없으며 자산보유형 회사나 자산운용형 회사로 변질되지만 않으면 된다. 독일의 경우 본질

한국, 일본, 독일의 상속공제

구분	한국 (가업상속공제)	일본 (사업승계세제)	독일 (사업자산승계)
대상기업	자산총액 5천억 원 미만 중소기업 또는 직전 3개년 평균 매출액 5천억 원 미만 중견기업	비상장 중소기업	제한 없음
공제 및 감면 규모	피상속인 경영기간에 따라 공제 10년 이상 20년 미만: 300억 원 20년 이상 30년 미만: 400억 원 30년 이상: 600억 원	상속세 납부 유예 후 요건 충족 시 감면 2027년까지: 100% (특례) 이후: 80%	상속세 감면 일반: 85% 옵션: 100%
피상속인 주식 보유기준	상장법인 지분 20% 이상(비상장법인은 40% 이상) 10년 이상 보유	특수관계인 합산 50% 초과 보유	제한 없음
사후관리 기간	5년	5년	일반: 5년 옵션: 7년
고용 및 임금 요건	5년 평균 정규직수 및 총급여액 90% 이상 유지	5년 평균 80%(특례는 충족 못해도 탄력운용)	총급여액 일반: 5년 합계 400% 옵션: 7년 합계 700%
자산 유지 및 처분 제한	사후관리기간 동안 가업용 자산의 40% 이상 처분 금지	처분금지 정량 규정 없지만 자산보유형 또는 자산운용형 회사로 변질 금지	사후관리기간 동안 본질적 사업자산 매각 시 감면 취소. 다만 매각대금을 6개월 이내에 감면 대상 사업자산으로 재투자 시 무해 처리

출처: 라이프자산운용

적 사업자산을 매각할 경우 상속세 감면을 취소하지만 매각대금을 6개월 이내에 감면 대상 사업자산으로 재투자하면 인정한다. 이외에도 한국은 피상속인이 특수관계인과 합산해 지분

40%(상장법인은 20%) 이상을 10년 이상 보유하고 있어야 한다거나 상속인이 2년 이내에 대표이사에 취임해야 하는 등 일본과 독일에 비해 적용 요건이 까다롭다.

일론 머스크의
1400조 원 주식 보상

'1400조 원.' 1400조 원은 얼마나 많은 돈일까. 상상하기도 어려운 액수다. 2025년 9월, 테슬라 이사회가 CEO(최고경영자)인 일론 머스크에게 제시한 1조 달러(약 1400조 원) 규모의 성과 기반 주식 보상안(RSA, Restricted Stock Award)이 화제가 됐다. '머스크의 성과와 비전을 유지하기 위한 장기 전략의 일환'이라는 이유였다. 주식 보상이 빈번한 미국에서도 사상 최대 규모다. 구체적인 조건은 이렇다. 일론 머스크는 테슬라 전체 보통주의 12%에 해당하는 주식을 2035년까지 12단계에 걸쳐 지급받을 수 있다. 각 단계마다 1%씩 지급받는 형태다.

주식을 모두 지급받을 경우 테슬라에 대한 일론 머스크의 지분율은 13%에서 25%로 상승한다. 다만 각 단계마다 시가총액 목표와 조정 EBITDA(상각전영업이익) 목표를 동시에 달성해야 한다. 최종 12단계를 충족하려면 시가총액 8조 5000억 달러와 연간 조정 EBITDA 4000억 달러를 각각 만족해야 한다. 테슬라 이사회가 일론 머스크에 대한 주식 보상안을 발표할 당시 테슬라 시가총액이 1조 1000억 달러 안팎이었던 점을 고려하면 10년 내에 무려 8배로 끌어올려야 한다는 의미다. 이사회가 제시한 이 보상안은 2025년 11월 주주총회에서 주주 75% 이상이 찬성하면서 통과됐다.

상법과 세법 개정으로 최대주주와 소액주주의 이해관계를 일치시켰다면, **다음 단계로 경영진에 대한 주식 보상으로 경영진과 주주의 이해관계를 일치시켜야 한다.** 테슬라 이사회가

**테슬라 이사회가 일론 머스크에 제시한
1조 달러 규모 성과 기반 주식 보상안**

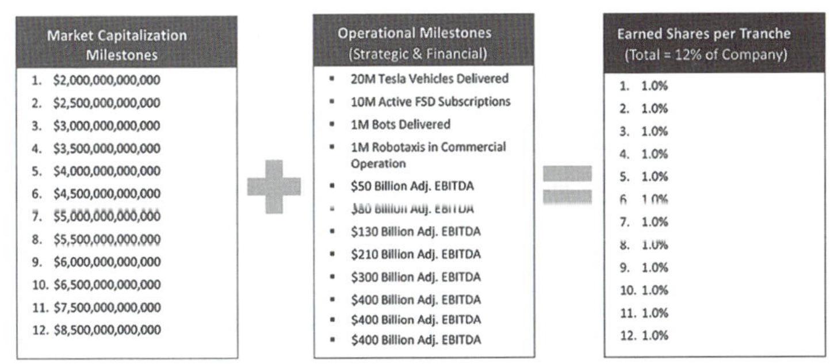

Market Capitalization Milestones

출처: Tesla Proxy Statement 2025 (2025.09.05)

일론 머스크에게 대형 보상안을 제시한 것처럼 말이다. 주주의 대리인(Agent)으로서 경영진은 단기적인 성과와 안정적인 보수에 치중할 유인이 크므로 주식 보상을 통해 주주의 이익과 동일한 방향의 의사결정을 유도하는 것이 필요하다. 미국은 일론 머스크의 사례처럼 경영진에게 주식매수선택권(스톡옵션)이니 양도제한조건부주식(RSU, Restricted Stock Units) 등 주식 보상을 통해 주주가치 극대화를 위한 유인을 제공하는 것이 일반화돼 있다.

한국 상장사 중 경영진에 대한 주식 보상으로 기업가치 제고에 성공한 모범사례로는 메리츠금융지주를 꼽을 수 있다. 메리츠금융지주는 최대주주가 조정호 회장이지만 대표이사는 김용범 부회장으로 소유와 경영을 분리하고 있다. 김용범 부회장이 스톡옵션을 부여받은 것은 2015년 3월이다. 약 10년 만인 2024년 8월 99만 2161주에 대한 스톡옵션을 행사했다. 행사가격은 1만 원이 조금 넘었는데 행사시점의 주가가 9만 원이 넘어 무려 8배가 됐다. 이 때문에 김용범 부회장은 814억 원에 이르는 스톡옵션 행사이익을 손에 쥘 수 있었다.

메리츠금융지주는 자기주식 매입과 배당을 합한 총 주주환원을 당기순이익의 50%로 하는 주주환원정책(2023~2025년)을 시행하고 있다. 2024년의 경우 1조 원 규모의 자기주식 매

입과 2400억 원 규모 결산배당으로 총 주주환원율은 연결 당

기순이익의 53.1%에 이르렀다.

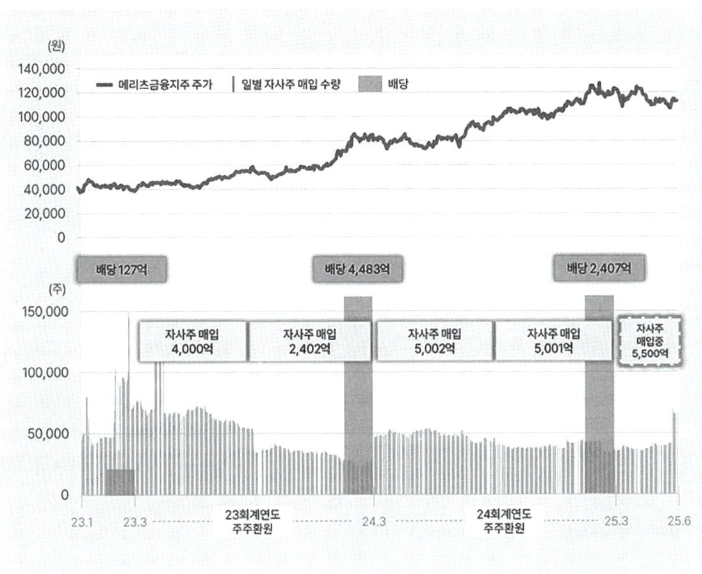

10장

경영자에 대한 견제와 보상
이사회 기능의 정상화

———　　　회장님의 꿈, 거수기가 된 이사회

2007년 6월, 재규어와 랜드로버가 인수합병(M&A) 시장에 매물로 나왔다. 고급차에 관심이 있는 소비자라면 한 번쯤 기웃거려 봤을 만한 브랜드다. 앞서 미국 완성차 업체 포드(Ford)는 고급차 브랜드 보강을 위해 1989년 재규어를 25억 달러에, 2000년에는 랜드로버를 27억 3000만 달러에 야심차게 인수했다. 하지만 글로벌 금융위기로 고급차 판매가 급감했고 경영난이 계속되자 두 브랜드를 매각하기로 결정한 것이었다.

현대자동차가 실제로 두 브랜드의 인수에 관심이 있었는

지는 명확하지 않다. 다만 인수전이 한창 진행 중이던 때, 외신에서 유력한 인수대상자로 현대자동차가 거론됐다. 국내외 언론 내용을 종합해 보면 현대자동차는 적어도 두 브랜드 인수에 따른 효과를 내부적으로 검토했던 것으로 보인다. 당시 글로벌 시장에서 현대자동차의 약점으로 항상 꼽히던 것이 고급 차종의 부재였다. 이 때문에 현대자동차도 미국 시장을 타깃으로 훗날 '제네시스'로 이름 붙인 고급차 브랜드를 출시하고자 했지만 출시 일정이 계속 지연되고 있었다. 결국 현대자동차는 '어떤 브랜드든 관심없다. 다른 브랜드 인수는 현대자동차의 우선순위가 아니다'라는 공식 답변을 내놓기에 이르렀다.

2008년 3월, 재규어와 랜드로버의 새로운 주인이 결정됐다. 인도 타타그룹의 완성차 계열사 타타모터스(TATA Motors)였다. 한국 시장에서도 대우자동차 상용차 부문을 인수한 곳으로 잘 알려진 회사다. 글로벌 시장이 놀란 것은 인수가격이었다. 타타그룹이 재규어와 랜드로버를 한데 묶어 인수한 가격은 23억 달러에 불과했다. 당시 환율이 1달러에 1100원 정도였으니 원화로 2조 5000억 원 정도 되는 가격이었다. 그 뒤 재규어와 랜드로버가 부침이 없었던 것은 아니지만 2024년 타타모터스 전체 매출액의 70%를 책임질 만큼 핵심 브랜드로 자리잡았으며 25억 파운드, 원화로 4조 5000억 원이 넘는 영업이익을 내기도 했다.

약 6년 후인 2014년 9월, 현대자동차-기아-현대모비스 컨소시엄은 서울 강남구 삼성동 한국전력공사 부지를 매입하는 데 무려 10조 5500억 원을 쏟아붓는다. 현대자동차가 55%인 컨소시엄 참여비율에 따라 책임진 금액만 5조 8000억 원이었다. 아무리 강남 한복판 '노른자 땅'이라지만 3조 3000억 원으로 책정된 감정가의 세 배가 넘는 금액이며 재규어와 랜드로버를 한 데 묶어 인수할 수 있었던 금액의 두 배가 넘는 금액을 들이부은 것이다. 현대자동차그룹은 이 땅에 초고층 통합 컨트롤타워, 다시 말해 글로벌비즈니스콤플렉스(GBC)로 이름 붙인 105층짜리 통합사옥을 짓고자 했다.

11년이 지난 지금, 이 땅은 수차례 개발 계획이 변경되며 여전히 높은 가림막에 둘러싸여 있다. 현대자동차의 '무리수'를 두고 당시 현대자동차그룹 오너이자 회장이던 정몽구 명예회장의 숙원이 반영된 것이라는 얘기가 많았다. 정몽구 명예회장은 앞서 7년 넘게 서울 성동구 뚝섬 인근 사돈가(家)인 삼표레미콘 공장 땅에 110층짜리 초고층 통합사옥을 건설하고자 했다. 하지만 서울시와 고도제한 규제를 해결하지 못하고 결국 좌초됐다. 그만큼 초고층 통합사옥은 정몽구 명예회장의 간절한 꿈이었다.

물론 후대인 정의선 회장에 이르러 최고층수를 49층으로 낮추는 대신 동수를 3개로 늘리는 것으로 개발계획을 최종 확정했다. 105층 마천루를 포기한 것이다. 마천루를 짓기에는 공사비가 감당할 수 없을 만큼 올랐을 수도 있고, 인공지능(AI), 자율주행, 로보틱스 같은 신사업에 먼저 투자해야 했을 수도 있고, 아니면 아버지의 숙원이 더 이상 아들의 숙원은 아니었을 수도 있다. 초고층을 포기했음에도 현대자동차가 11년 전 땅값으로 어마어마한 돈을 치렀다는 사실에는 변함이 없다.

현대자동차가 강남 땅 말고 재규어와 랜드로버를 샀으면 어땠을까? 타타그룹이 재규어와 랜드로버를 산 것처럼, 중국 지리자동차가 볼보를 산 것처럼, 중국 둥펑자동차가 푸조-시트로엥 지분 14%를 확보하며 공동 최대주주에 오른 것처럼 미래에 투자했다면 어땠을까?

현대자동차가 재규어와 랜드로버를 살 수 있는 금액의 두 배를 넘게 주고 강남 땅을 사들인 것은 순전히 최대주주의 독단이었다. 이 과정에서 최대주주의 독단을 견제해야 할 이사회는 철저히 거수기 역할에 그쳤다. 당시 현대자동차 이사회는 사내이사 4명과 사외이사 5명으로 구성됐으며 한전부지 입찰 때는 사외이사 5명 중 4명(1명 불참)이, 이후 한전부지 매매계약 체결 때는 사외이사 5명 중 5명이 찬성표를 던졌다.

앞서 이 책에서도 언급했듯 이재명 대통령 취임 이후 당정이 합심해 1차 상법 개정안과 2차 상법 개정안을 일사천리로 통과시켰다. 상법 개정안은 무엇보다 이사회의 투명성과 독립성을 강화하는 데 초점을 맞추고 있다. 왜 '이사회'에 주목할까. 주식회사 개념에서 이사회는 주주의 대리인(Agent)이기 때문이다. 이사는 주주를 대신해 최대주주와 경영진을 감독하고 견제하는 본연의 기능을 수행하는 동시에 더 나아가 대리인으로서 주주에 대한 보고를 수행해야 한다. 그럼에도 그동안 한국에서 이사회는 주주가 아닌 그저 최대주주의 대리인일 뿐이

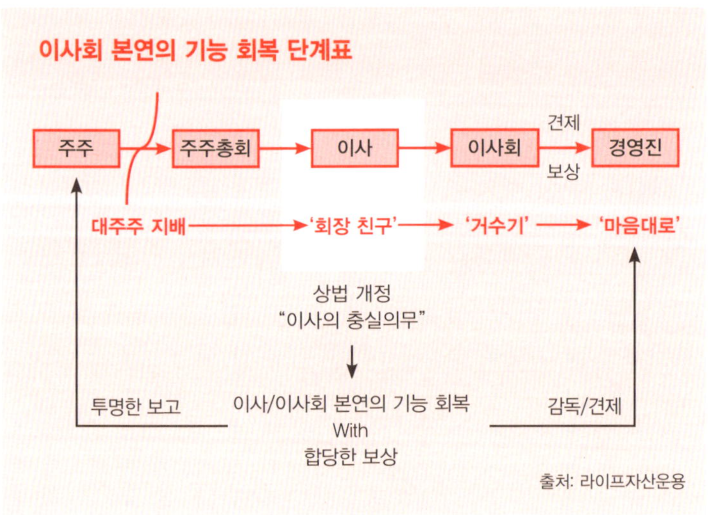

었다. **이 때문에 이사회의 정상화가 곧 경영의 중심을 주주가치 극대화에 두는 주주자본주의 정착의 출발점이 된다.**

——————— 정관이 바뀌어야 이사회도 바뀐다

하지만 이사와 이사회의 본연의 기능을 단기간에 회복하기는 매우 어렵다. 최대주주 중심의 의사결정 구조와 기업문화 속에서 '식물 이사회'가 그대로 고착화됐기 때문이다. 비록 1차 상법 개정으로 이사의 충실의무가 기존 회사에서 주주로 확대된 것은 큰 첫 걸음이지만 그럼에도 한국 이사회의 현실을 고려하면 실질적인 변화를 만들기에는 충분하지 않다. 이 때문에 정관 개정이 뒤따라야 한다. 왜 정관 개정이 필요할까. 정관은 주식회사에 헌법과도 같다. 회사의 사업목적, 주식의 발행, 주주총회의 소집과 결의, 이사회의 기능과 권한 등을 명문화한 것이 정관이며 이사회는 직무를 수행할 때 이 정관을 준수해야 한다. 그러므로 **상법 개정을 넘어 정관에 이사의 의무를 명시해야 실질적인 변화를 이끌어낼 수 있다.**

실제로 미국을 포함한 선진국의 정관은 한국의 정관보다 훨씬 구체적이다. 미국의 경우 한국의 정관과 같은 기능을 '정관(Articles of Incorporation)'과 '내규(Bylaws)'로 이원화하고 있다. 그러므로 한국의 정관은 미국의 정관과 내규 일부를 포함하는 것으로 이해해야 한다. 이사회의 기능과 권한은 정관에 담기지 않고 내규에 담긴다. 한국은 정관을 변경하려면 특별결의

한국 정관과 미국 정관 비교표

구분	한국	미국	
		정관 (Articles of incorporation)	내규 (Bylaws)
성격	회사에 관한 근본 규칙 – 조직, 운영 등을 아우르는 최상위 자치 법규	회사의 설립을 입증하는 증명서 – 법인격 부여를 위한 규정	정관의 위임으로 작성한 내부 규정
역할	최상위 자치 법규 내부 규칙	최상위 자치 법규	내부 규칙
주요 내용	**필수 기본 정보** (회사명, 주소, 발행할 주식수 등) **구체적인 운영 절차** (이사/임원의 권한과 책임, 주주/이사회 소집 절차, 의결 방법 등)	**필수 기본 정보** (회사명, 주소, 발행할 주식수 등)	**구체적인 운영 절차** (이사/임원의 권한과 책임, 주주/이사회 소집 절차, 의결 방법 등)
공개 여부	등기 사항으로 대외적으로 공개됨	주 정부에 제출 의무가 있어 대외적으로 공개됨	회사 내부 문서로 비공개되나, 상장회사는 SEC 규정에 따라 의무 공개됨
변경 절차	주주총회 특별결의	주주총회 특별결의	일반적으로 **이사회 결의**

출처: 라이프자산운용

가 필요하다. 특별결의는 출석한 주주의 의결권 3분의 2 이상
과 발행주식총수의 3분의 1 이상 찬성이 요구된다. 반면 미국
은 정관을 변경하려면 한국과 같이 특별결의가 필요하지만 내
규를 변경하려면 이사회 결의만 있으면 된다. 이 때문에 미국
은 필요에 따라 내규를 수정하면서 최대주주와 경영진을 효율
적으로 감독하고 견제할 수 있다.

먼저 이사의 보고의무를 정관에 명시하는 것부터 시작하
자. 이사회는 주주의 대리인으로서, 개정 상법의 내용과 같이
주주를 위해 직무를 충실하게 수행해야 한다. 그렇다면 주주
는 이사회가 직무를 충실하게 수행하고 있는지 알 수 있어야
하고 이 때문에 주주에 대한 보고가 필수적이다. 보고는 1년
에 한 번 정기주주총회에서 이사회가 주주에게 하는 방식이면
된다. 애초에 정기주주총회는 재무제표 승인, 이사 선임, 이사
보수한도 승인 등을 의결하는 자리이지만 감사, 영업, 최대주
주와의 거래내역, 내부회계관리제도 운영실태 등을 보고하는
자리이기도 하다. 정기주주총회에 이사의 주주에 대한 보고
기능이 원래 존재힌다는 의미다. 이 원래 있는 보고 기능을 징
관에 명문화하는 것만으로도 이사회가 직무를 충실하게 수행
하도록 하는 촉매가 된다.

이사와 이사회를 평가하고 그 결과를 정기주주총회에서

1. 제[●]조 (이사회의 평가 및 보고)
   ① 이사회는 이사 및 이사회 활동의 전문성, 효율성, 독립성 등을 포함한 평가 기준을 수립하여야 한다.
   ② 이사회는 제1항의 기준에 따라 매 사업연도마다 **이사 및 이사회의 활동을 평가**하고, 그 평가 결과 및 향후 개선 계획을 담은 보고서를 작성하여야 한다.
   ③ 이사회는 매년 정기주주총회 소집 통지 시 제2항의 보고서를 **정기주주총회에서 그 내용을 보고**하여야 한다.

2. 제[●]조 (리스크관리위원회)
   ① 이사회 내 위원회로 리스크관리위원회를 설치한다.
   ② 리스크관리위원회는 3인 이상의 이사로 구성하며, 위원의 과반수는 사외이사여야 한다. 위원장은 사외이사 중에서 선임한다.
   ③ 리스크관리위원회는 회사의 재무, 운영, 법률, 평판 등 경영 활동 전반에 걸친 잠재적 리스크를 식별, 평가 및 통제하는 방안을 심의·의결한다.
   ④ 리스크관리위원회는 매 사업연도의 활동 내역과 주요 심의 결과를 담은 보고서를 작성하여 이사회에 제출하고, **이사회는 이를 정기주주총회에서 보고**하여야 한다.
   ⑤ 리스크관리위원회는 그 직무 수행을 위하여 필요하다고 판단하는 경우, 이사회의 승인을 얻어 외부 전문가로 구성된 별도의 자문기구를 설치하거나 외부 전문가의 자문을 받을 수 있다.

3. 제[●]조 (기업지배구조보고서의 승인)
   ① 회사는 「자본시장과 금융투자업에 관한 법률」 및 한국거래소의 관련 규정에 따라 작성하는 **기업지배구조보고서를 매년 정기주주총회에서 보고 및 승인**을 구해야 한다.
   ② 제1항의 보고서 승인 안건은 출석한 주주의 의결권의 과반수와 발행주식총수의 4분의 1 이상의 수로써 의결한다.
   ③ 주주총회에서 제1항의 보고서가 승인되지 아니한 경우, 이사회는 그 부결일로부터 3개월 이내에 원인 분석 및 구체적인 개선 계획을 수립하여 「자본시장과 금융투자업에 관한 법률」에 따른 주요사항보고의 방식으로 이를 공시하여야 한다.

4. 제[●]조 (이사의 주식 보유 의무)
   ① 회사는 이사(사외이사를 포함한다)가 회사와 주주의 장기적인 이익에 부합하는 의사결정을 하도록 주식 보유를 장려하고 의무화한다.
   ② 회사는 이사에게 지급하는 **연간 총보상액 중 20% 이상을 주식 또는 주식 연계 상품(스톡옵션, 양도제한조건부주식 등)으로 지급**하여야 한다.
   ③ 이사는 재임 기간 중 연간 고정보상액의 [1]배 이상에 해당하는 회사의 주식을 보유하여야 한다. 단, 보유 기준을 충족하지 못한 이사는 제2항에 따라 보상으로 지급받은 주식 또는 주식 연계 상품의 행사로 취득한 주식을 보유 기준을 충족할 때까지 처분할 수 없고, 신규로 선임된 이사는 선임 후 3년 이내에 본 항의 보유 기준을 충족하여야 한다.

출처: 라이프자산운용

보고하도록 정관에 명시하는 방법을 고려해 볼 수 있다. 이사와 이사회에 대한 평가는 기업 지배구조 모범규준에서 이미 권장하고 있다. 하지만 정관에서 이를 의무화하고 정기주주총회에서 결과에 대한 보고 의무까지 부여한 기업은 찾기 어렵다. 이사회에 대한 평가를 주주에게 보고하도록 하면 이사회의 책임성과 전문성을 강화하는 효과를 기대할 수 있다.

해외 선진시장은 어떨까. 뉴욕증권거래소(NYSE)는 상장사에 대해 매년 이사회의 자기평가 의무를 부과하고 있다. 엑손모빌과 존슨앤존슨의 경우 내규(Bylaws)의 하위 규정인 가이드라인(Guidelines)에 이런 내용을 명문화하고 있다. 런던증권거래소(LSE)는 프리미엄 등급(Premium listing) 상장사에 대해 이사회의 매년 자기평가와 매 3년 외부평가 의무를 부과하고 있다. BP(British Petroleum)와 쉘(Shell)의 경우 연차보고서의 거버넌스 리포트에 이런 내용을 명문화하고 있다.

리스크관리위원회의 설치를 명문화하고 매년 심의 결과를 정기주주총회에서 보고하도록 정관에 명시하는 것도 방법이다. 대규모 투자나 인수합병(M&A) 등 중요한 경영상 의사결정 때 이사회가 더욱 신중하고 합리적인 판단을 내리도록 유도할 수 있다. 암스테르담 증권거래소에 상장된 기술투자회사 프로수스(Prosus)는 '리스크관리위원회 헌장(Risk Committee Charter)'으로 리스크관리위원회의 설치를 명문화하고 있으며 '위원장은 정기주주총회에 참석해야 하며 위원회 안건에 대한 주주들의 질문에 대답할 준비를 해야 한다'고 명시하고 있다.

기업 지배구조 보고서를 정기주주총회에서 보고하고 더 나아가 재무제표나 이사 보수한도처럼 승인받도록 정관에 명시하는 방법도 있다. 2026년부터는 전체 코스피 상장사가 기업 지배구조 보고서를 의무적으로 공시해야 하는 만큼 공시 사항을 정기주주총회 승인 안건으로 격상시켜 더 나은 지배구조를 갖추도록 유도할 수 있다.

다만 의무를 제대로 달성하기 위해서라도 충분한 경제적 동기부여를 제공할 필요가 있다. 이사의 주식보유 의무를 정관에 명시하는 방법이 대표적이다. 이사에 대한 연간 총보상액의 일부를 주식과 연계한 주식매수선택권(스톡옵션)이나 양도제한조건부주식(RSU)으로 지급하도록 하는 방법이다. 양도제한조건부주식은 임직원에게 주식을 약정해주되 근속기간이나 경영성과 등 일정 조건을 충족해야 약정한 주식을 실제로 취득할 수 있으며 해당 조건을 충족하기 전까지는 처분이 제한되는 주식 보상제도다. 이사의 재산이 회사의 주가와 직접 연동되므로 주주가치를 훼손하거나 단기적인 성과에 몰두하는 의사결정을 내릴 유인을 낮출 수 있다. 마이크로소프트는 가이드라인에 이사와 주주간 이해관계를 일치시키기 위해 이사의 연간 기본보수의 최소 3배를 주식으로 보유하도록 정하고 있다.

함께 부자 되는 사회
금융의 신뢰 회복

——————　　왜 우리는 월급만으로 생활이 안될까

'헬조선'이란 말은 이제 익숙할 정도다. 지옥이라는 의미의 '헬(Hell)'과 한국의 옛 왕조인 '조선'을 합친 말로 결국 '한국은 지옥이다'라는 뜻이다. 자기 나라를 지옥으로 지칭한다는 것은 참 서글픈 일이다. 한국은 왜 지옥에 이르렀을까. 다양한 요인이 있지만, 결국 '부(富)'의 문제다. 어떻게 해도 한국에서 살아가기에 충분한 부를 만들어내지 못한다는 좌절감의 표현인 것이다.

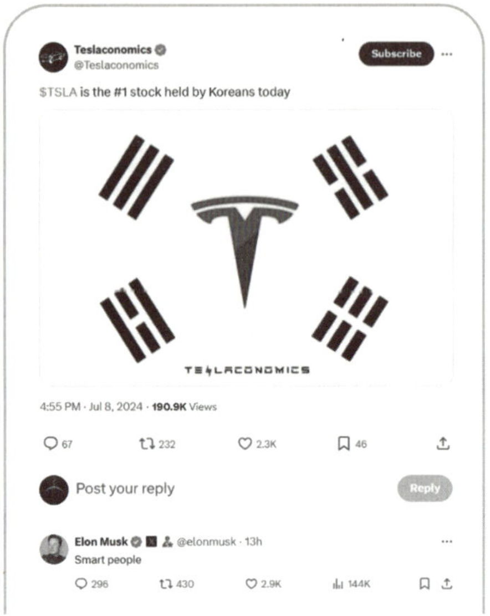

출처: 엑스(X)

"똑똑한 사람들(Smart People)". 그런 헬조선의 투자자들에게 테슬라 CEO 일론 머스크가 '엄지 척'을 날렸다. 한국 투자자들이 가장 선호하는 해외 주식이 테슬라라는 기사를 보고 나서다. 2025년 10월 말 기준, 한국예탁결제원의 테슬라 주식 보관 금액이 270억 달러를 넘었다. 원화로 40조 원에 가까운 금액이다.

헬조선 악순환의 고리

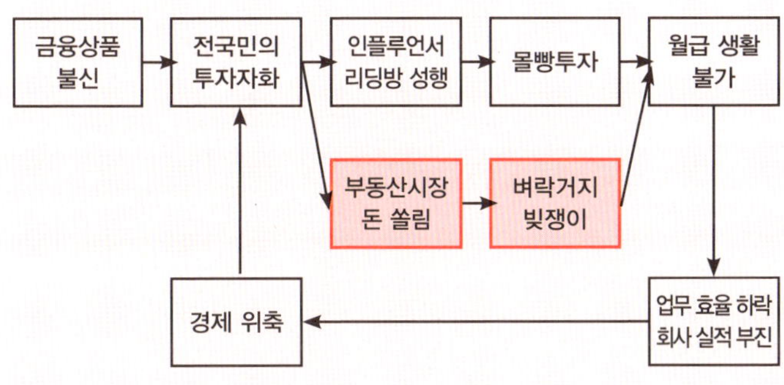

출처: 라이프자산운용

헬조선이라는 지독한 악순환의 고리는 부를 창출해내지 못하는 한국 주식시장에서 출발한다. 그리고 한국 주식시장에 대한 뿌리깊은 실망은 간접투자에 대한 신뢰마저 앗아갔다. 이제는 아무도 금융상품이 부를 불려줄 것이라고 기대하지 않는다. 모두가 눈에 불을 켜고 직접투자에 나서는 '전국민의 투지지회'는 그렇게 일상이 됐다. 일론 머스크의 '임지 척'이 달갑지 않은 이유다.

직접투자는 에너지가 많이 드는 일이다. 알아야 투자도 한다. 잘 모르니 누군가 콕 짚어주길 바라거나 남을 따라 투자한다. 그래서 2023년 '배터리 아저씨 열풍'처럼 투자 인플루언서가 우상화되고 리딩방이 성행한다. 일확천금에 대한 욕구는 '몰빵투자'로 이어진다. 한편으로는 부를 창출하지 못하는 주식시장 대신 부동산시장에 자금이 몰린다. 부동산을 취득한 사람은 빚쟁이가 되고 취득하지 않은 사람은 벼락거지가 된다. 주식에서는 이익을 내지 못하고, 부동산에서는 이자 부담이 늘어나면서 도저히 월급만으로 생활이 어려워진다. 투자에 시간을 뺏기면서 근로 의욕이 하락하고 자기계발을 못하는 상황이 계속된다. 이는 회사의 경쟁력 약화로 연결된다. 한국 경제가 위축되고 월급이 오르지 않으면서 어쩔 수 없이 다시 직접투자에 기대를 걸게 되는 악순환이 일어난다. 지나친 비약으로 들릴 수 있지만 스스로를 돌아보자. 결국 우리 모두의 얘기다.

코스피 5000은 단순히 한국 주식시장의 도약만을 의미하지 않는다. 우리 모두의 일상을 극적으로 변화시킬 수 있다. 헬조선이라는 악순환의 고리에서는 굉장히 소수의 사람만 부자가 된다. 어쩌다 인플루언서를 쫓아 몰빵투자에 성공하거나 어쩌다 부동산시장 흐름을 잘 탄 사람만이 그 혜택을 누린다. 하지만 **코스피 5000이 그리는 것은 함께 부자 되는 사회다.** 한국 주식시장이 견고하면 간접투자에 대한 신뢰가 생긴다.

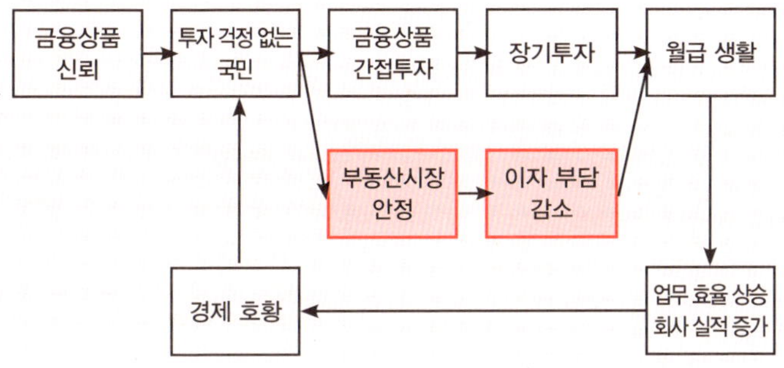

출처: 라이프자산운용

국민들은 금융상품에 가입하고 투자 걱정을 하지 않아도 된다. 자연스럽게 장기투자 문화가 정착된다. 한편으로는 부동산시장에 자금이 몰리지 않으므로 안정화된다. 자연스럽게 이자 부담이 감소하면서 월급만으로도 충분히 생활이 가능해진다. 투자에 쏟을 시간을 업무와 여가에 할애하면서 근로 의욕을 회복하고 자기계발도 할 수 있게 된다. 이에 따라 한국 경제가 회복되고 월급도 오르면서 금융상품 가입이 늘어나는 선순환이 일어난다.

왜 부동산시장에서 주식시장으로 자금을 이동시켜야 하는지 좀 더 짚고 넘어가자. 이재명 대통령도 후보 시절부터 '국장 투자의 매력을 높여서 부동산 자금의 주식 이전을 가속화할 것'이라는 방향성을 꾸준히 제시해 왔나. 한국은 괜히 '부동산 공화국'이라고 불리는 게 아니다. 실제로 다른 나라와 비교해도 부동산에 대한 자산 의존도가 매우 높다.

통계청이 실시한 가계금융복지 조사에 따르면 2024년 3월 말 기준, 한국 가구의 평균 자산 5억 4022만 원 중 실물자산이 4억 644만 원으로 이에 따른 비중은 75.2%였다. 실물자산에는 자동차와 골프 회원권 등도 포함되지만 사실상 부동산이 대부분인 점을 고려하면 한국 가구 평균 자산의 3분의 2 이상이 부동산에 집중돼 있다는 의미다. 이는 영국(46.2%), 일본(37%), 미국(28.5%) 등 다른 나라와 비교해도 높은 편이다.

한국 부동산시장의 세금구조도 주식시장으로의 자금 이동을 막는 한 가지 요인이다. 부동산에 매겨지는 세금구조는 한마디로 '보유는 싸고, 거래는 비싸다'. 부동산은 보유할 때 세금 부담이 낮다. 이는 자금을 부동산시장에 묶어두는 요인이 되고 있다. 1세대가 12억 원 이하 1주택을 2년 이상 보유하면

2024년 가계금융복지조사 결과 자산유형별 보유액 및 구성비

구분		자산	금융자산			실물자산				
				저축액	전·월세 보증금		부동산	거주 주택	거주 주택 이외*	기타 실물 자산
평균	2023년	52,727	12,587	8,840	3,747	40,140	37,677	22,938	14,739	2,463
	2024년	54,022	13,378	9,710	3,668	40,644	38,084	22,692	15,393	2,560
	증감	1,295	791	870	−78	504	408	−246	653	96
	증감률	2.5	6.3	9.8	−2.1	1.3	1.1	−1.1	4.4	3.9
구성비	2023년	100	23.9	16.8	7.1	76.1	71.5	43.5	28	4.7
	2024년	100	24.8	18	6.8	75.2	70.5	42	28.5	4.7
	전년차	0	0.9	1.2	−0.3	−0.9	−1	−1.5	0.5	0.1

※거주주택 이외의 주택, 토지, 건물, 계약금 및 중도금 포함　　※단위: 만원, %, %p

출처: 통계청(2024년 12월 9일)

양도세를 전혀 내지 않아도 된다. 부동산 보유세인 재산세와 종합부동산세는 실거래가가 아닌 시세의 70% 정도인 공시가격을 기준으로 부과되며, 여기에 다시 공정시장가액비율 60%를 적용해 결과적으로 실제 과세표준은 시가의 40% 수준으로 줄어든다. 게다가 장기보유자와 고령자에 대해 최대 80% 한도로 세액공제 혜택을 제공하며 세금이 전년 대비 과도하게 늘지 않도록 세부담 상한 150%도 적용한다.

반면 부동산을 사고팔 때는 세금 부담이 높다. 이는 자금을 순환하기 어렵게 만드는 요인이 되고 있다. 쉽게 말하면 '그냥 들고 있자'라고 판단하도록 만든다. 먼저 취득세를 보면 일반 주택의 취득세율은 1~3%이지만 조정대상지역에서 2주택자는 8%, 3주택자는 12%까지 오른다. 양도세를 봐도 1년 이내 매도 시 70%, 2년 이내 매도 시 60%로 단기 매매에 높은 양도세율을 적용한다. 이런 세금구조 때문에 사람들은 부동산을 사고파는 대신 차라리 오래 보유하는 쪽을 선택한다. 다시 말해 부동산시장에 일단 들어간 돈은 묶여 있게 되는 것이다.

부동산시장으로의 자금 집중이 문제가 되는 건 부동산시장이 가진 제로섬(zero-sum) 특성 때문이다. 말 그대로 합치면 '0'이 된다는 뜻으로 한 쪽이 이익을 보면 다른 한 쪽이 손해를 보는 구조다. 아파트 투자로 수십억 부자가 됐다고 치자. 좋은 선택이었고 훌륭한 투자다. 하지만 주거는 삶의 필수적 요소이며 높아진 주택 가격은 나중에 그 집에 살아야 하는 더 어린 세대가 지불해야 하는 비용이 된다. 부동산가격 상승은 누군가의 비용을 나의 투자 수익으로 갖고 오는 재분배적인 성격을 가진다. 과거 부동산 붐을 경험한 일본에서도, 최근의 한국과 중국에서도 GDP(국내총생산) 대비 부동산자산 비중이 과도할 때 생산적 투자가 밀려나는 것은 이와 같은 부동산시장의 특성 때문이다. 왜 새로 집권하는 모든 정부가 부동산가격 안정화를 최대의 정책 목표로 내걸겠는가. 부동산을 가진 소수에게 강남 아파트의 화려함은 축복이지만, 절대 다수에게, 그리고 미래 세대 모두에게 터무니없이 높은 집값은 저주다.

반면 **주식시장은 부동산시장과 달리 플러스섬**(plus-sum) **적인 특성을 가진다.** 부동산투자와 달리 모든 사람들이 이익을 볼 수 있는 구조다. 물론 주식도 부동산처럼 가격이 올라가면 누군가가 비싸게 사줘야 한다. 인플루언서에 자극된 개인투자자들이 무리하게 주가를 올렸다면 높은 가격에 주식을 산 사람들은 손해를 보게 된다. 이런 경우들을 보고 주식도 제로섬 게임이라고 생각하는 사람들이 많다.

하지만 이런 사례는 단기 시세차익을 위한 투기게임의 결과일 뿐 정상적 투자의 결과는 다르다. 10년 전, 20년 전 삼성전자의 주가가 얼마였는지 생각해 보라. 10년 전에 삼성전자 주식을 산 사람이 더 비싼 가격에 누군가에게 주식을 팔면, 그 차익은 비싸게 산 사람의 돈을 뺏은 것이 아니라 삼성전자가 벌어준 것이다.

주식은 기본적으로 주식을 발행한 기업의 이익을 함께 향유하는 수단이지 다른 투자자의 돈을 내 것으로 하는 수단이 아니다. 주식이나 채권과 같은 금융자산은 기업의 이익이라는

151

내재가치가 본질이다. 대부분의 가격변동이 교환가치로만 결정되는 부동산과는 근본적으로 사회적 역할이 달라지는 지점이다.

자본주의의 핵심은 혁신에 대한 보상이라는 데서 출발한다. 이 혁신 보상을 위한 핵심 인프라가 바로 주식시장이다. 기업가의 혁신은 주식이라는 형태로 자본화되고 이 주식이 시장에 나오면서 기업이 한 해 버는 이익의 몇 배의 가치를 인정받는다. 이를 통해 기업가는 보상을 받고 기업은 장기적인 투자금을 조달한다. 기업은 이 돈으로 이익을 창출하고 재투자하면서 성장의 선순환 구조를 만든다. 이 과정에서 고용창출, 기술혁신, 수출증대 등 긍정적인 파급효과가 생겨나면서 전체 사회가 이익을 나눠 갖는다.

연금 백만장자, 더 이상 꿈이 아니다

이 플러스섬적인 특징을 가장 잘 보여주는 사례가 미국의 대표적인 확정기여형(DC) 퇴직연금 제도인 '401(k)'다. 401(k)는 근로자가 급여의 일부를 적립하면 사용자(기업)가 근로자 적립액의 일정 비율을 추가로 부담하는 방식으로 자산을 축적한다.

적립금은 주식형펀드, 채권형펀드, 타깃데이트펀드(TDF) 등 다양한 금융상품에 투자할 수 있다. 적립 시 세금을 덜 내고 인출 시 세금을 내는 방식(Traditional)과 적립 시 세금을 내고 인출 시 세금을 안 내는 방식(Roth)을 모두 허용하는 강력한 세제 혜택이 결합돼 있다. 흔히 미국 사람들은 노후 걱정이 없다고 한다. 바로 이 401(k) 덕분이다.

2025년 6월 말 기준, 401(k) 자산규모는 9조 2800억 달러로 원화로 따지면 1경 3000조 원이 넘는다. 미국 자산운용협회(ICI)와 고용복지연구소(EBRI)가 2024년 4월 발표한 공동 연

**미국 401(k) 가입자 자산의 71.0%가
주식에 투자되고 있다**

Figure 6
Average Asset Allocation of 401(k) Plan Accounts by Participant Age
Percentage of account balances,[1] 2022

Age Group	Equity Funds	Balanced Funds		Bond Funds	Money Funds	GICs[3,4] and Other Stable Value Funds	Company Stock[3]	Other	Unknown	Memo: Equities[5]
		Target Date Funds[2,3]	Non-Target Date Balanced Funds							
20s	26.3%	65.6%	1.7%	2.4%	0.2%	2.0%	1.2%	0.4%	0.1%	89.5%
30s	32.8%	55.6%	1.9%	3.6%	0.3%	2.8%	2.3%	0.6%	0.1%	87.4%
40s	39.3%	42.9%	2.3%	5.4%	0.4%	4.7%	3.9%	0.9%	0.2%	80.6%
50s	40.8%	34.3%	2.6%	7.6%	0.7%	8.2%	4.3%	1.2%	0.2%	68.9%
60s	36.3%	32.0%	3.5%	10.1%	1.0%	12.2%	3.3%	1.3%	0.3%	57.0%
All	37.0%	38.0%	3.0%	7.4%	0.7%	8.0%	3.6%	1.1%	0.2%	71.0%

[1] Percentages are dollar-weighted averages.

[2] A target date fund typically rebalances its portfolio to become less focused on growth and more focused on income as it approaches and passes the target date of the fund, which is usually included in the fund's name.

[3] Not all participants are offered this investment option (see Figure A7).

[4] GICs are guaranteed investment contracts.

[5] Equities include equity funds, company stock, and the equity portion of balanced funds.

Note: Funds include mutual funds, bank collective trusts, life insurance separate accounts, and any pooled investment product primarily invested in the security indicated. For asset allocation by participant age at year-end 2021, see Figure A13.

Source: Tabulations from EBRI/ICI Participant-Directed Retirement Plan Data Collection Project

출처: EBRI/ICI(2022년 말 기준)

구결과에 따르면 2022년 말 기준 401(k)는 자산의 37.9%를 주식형펀드에, 38%를 TDF에 각각 투자하고 있다. TDF는 가입자의 은퇴 시점을 기준으로 초기에는 수익 추구를 위해 주식 비중이 높지만 은퇴 시점에 도달할수록 점차 채권 등 안전 자산 비중을 높이는 전략의 상품이다. 이 때문에 401(k)가 자산에서 주식에 투자하고 있는 비중이 71%로 높게 나타났다. 그만큼 미국 주식시장에 많이 투자하고 있다는 의미다.

401(k)는 수익을 안정적으로 창출하고 있다. 2024년 9월,

**미국 401(k) 가입자 자산의 38%가
타깃데이트펀드(TDF)에 투자되고 있다**

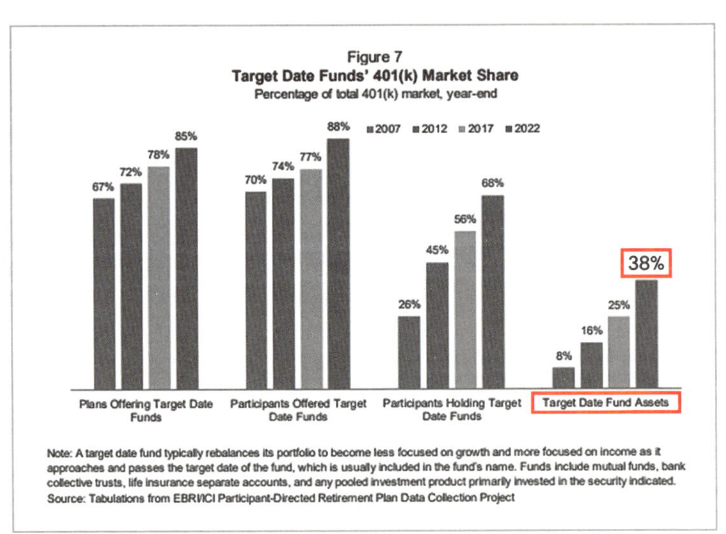

출처: EBRI/ICI(2022년 말 기준)

미국 노동부(EBSA)가 발표한 자료에 따르면 2013년부터 2022년까지 10년간 가입자 100명 이상인 401(k) 플랜의 연환산수익률(기하평균)은 4.1%였다. 반면 한국 고용노동부가 2023년 7월 발표한 자료에 따르면 같은 기간 한국 퇴직연금 제도의 연환산수익률은 1.93%였으며 DC형만 따져도 2.05%였다. 아쉽게도 미국 401(k)에 한참 못 미치는 성과다. 한국 DC형은 자산의 37.3%를 주식형펀드에, 21.2%를 TDF에 각각 투자하고 있다. 주식에 투자하고 있는 비중이 똑같이 높은데도 말이다.

다시 코스피 5000 얘기로 돌아가보자. 한국 주식시장이 상승하면 퇴직연금과 국민연금 수익률이 상승해서 결국 국민의 노후를 보장할 수 있다. 국민 전체에게 든든한 안전판으로서 혜택이 돌아가는 것이다. 미국 401(k) 가입자 중 계좌잔액이 100만 달러(약 14억 원)를 넘는 가입자가 54만 명을 넘었다고 한다. **'연금 백만장자', 코스피 5000 시대를 맞이할 한국에서도 충분히 실현할 수 있는 꿈이다.**

부동산가격이 오르면 국민 전반의 삶이 불안해지고, 국가의 생산성이 떨어진다. 제로섬 게임 속에서 소수의 행복만 존재할 뿐이다. 주식시장이 전반적으로 활성화되면 미국의 401(k)처럼 퇴직연금과 같은 장기투자 자산이 확대되며, 사회 전반의 부가 증가한다. 제프 베이조스나 일론 머스크의 놀라운 도전과 혁신이 국가 전체의 자산으로 사회화되는 플러스섬 게임 현상이 나타난다. 또한 주식시장이 활성화되면 창업가들에게 강력한 동기부여가 될 수 있다. 굳이 4세 고시로 의사가 되지 않아도, 도전과 창의성으로 주식시장을 통해 큰 부를 구축할 수 있다는 믿음이 생길 것이다.

이런 세상을 만들기 위해서는 성장하는 기업들에 고르게 분산해서 투자할 수 있는 장기투자 문화가 확립되어야 한다. 한국 시장에서 펀드로 돈 번 사람이 없다는 관념이 파다하다. 그래서 금융상품을 신뢰하기보다는, 유튜브로 공부해서 직접 투자를 하려고 하는 사람들이 많다. 빠른 수익을 위해서 서너 개 종목에 집중 투자하고, 단기 시세 변동에 따라 샀다 팔았다를 반복하는 투자가 중심이 되는 시장에서는 바람직한 플러스섬 게임이 나타날 수 없다. 401(k)도 궁극적으로는 금융상품이다. 분산투자, 장기투자의 믿음직한 수단으로서 금융상품이 다수의 투자자로부터 신뢰를 얻어야 한다. 투자자들의 문화도 바뀌어야 하겠지만, 금융상품을 제공하는 금융산업의 변화도 중요하다.

투자상품에 있어서 한국 금융산업의 역사는 초라하고 부끄럽다. 많은 금융기업들이 팔기 쉽고 유행하는 상품에 무차

별적으로 뛰어든다. '미투(Me Too)'만이 범람하다 보니 비슷비슷한 상품만 넘쳐나고 차별성이 없다. 수수료 싸움으로 금융회사의 이익도 줄어든다. 그리고 유행은 바뀌기 마련이니 잘 팔리던 상품들은 결국 고객 손실로 연결된다. 투자자들은 차별성도 없고, 오래 투자할 수도 없는 금융상품들에 아무런 신뢰를 가질 수 없게 된다.

이런 단기적, 경쟁적, 소모적 접근에서 벗어나야 한다. 금융회사도 기술기업처럼 자신만의 혁신을 통해 독창적인 상품을 시장에 소개해야 한다. 이런 상품이 시장의 유행과 일시적으로는 맞지 않을 수 있지만, 뚝심 있게 밀고 나가야 한다. 이런 회사들이 많아지면 미투상품이 아닌 각자의 개성이 드러나는 다양한 상품들이 존재할 것이고, 투자자들은 더 많은 선택지를 가질 것이다. 그리고 일관되게 상품을 운용하면, 부침을 겪더라도 오래 투자하면 수익을 낼 수 있다는 확신을 갖게 될 것이다.

코스피 5000 시대
안착을 위한 3개년 계획
현실적인 액션플랜

『어린왕자』를 쓴 생텍쥐페리는 "A goal without a plan is just a wish"라는 유명한 말을 남겼다. 계획 없는 목표는 한낱 꿈일 뿐이라는 말이다. 지금까지 한국 주식시장의 저평가를 극복하기 위한 방법을 하나하나 알아봤다. 역사적인 코스피 5000 시대가 열렸지만, 주가가 오른 가장 큰 이유는 AI투자 열풍과 반도체 호황 때문이다. 열풍은 언젠가 식을 것인데 호황이 끝나면 다시 4천, 3천이 돼야 할까? 5000이라는 레벨에 도달했다는 사실을 넘어 안착할 수 있는 계획이 필요하다.

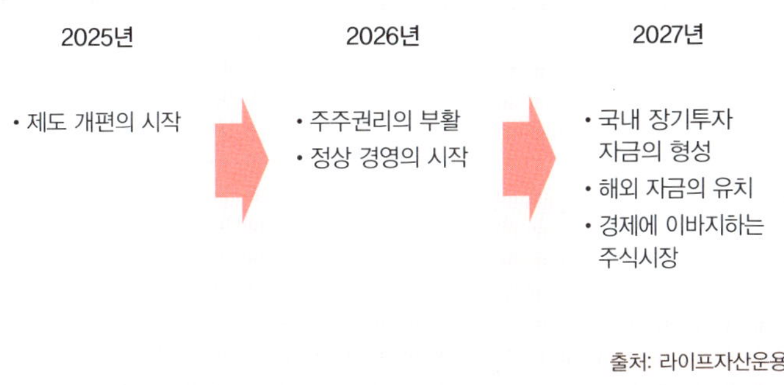

1단계 : 2025년 제도 개편

먼저 첫 단계인 2025년은 제도 개편이 시작된 해였다. 가장 중요한 변화는 주식의 민주화를 이끌 상법 개정이다. 상법에서의 변화를 다시 한 번 찬찬히 살펴보자.

이재명 대통령이 취임하고 한 달 후인 2025년 7월 3일, 1차 상법 개정안이 국회 본회의를 통과했다. 그리고 개정 상법은 약 2주 뒤인 22일 공포됐다. 이사의 충실의무 대상을 기존 회사에서 주주로 확대, 모든 감사위원 선임 시 최대주주 및 특수관계인 의결권 합산 3% 제한, 사외이사의 명칭을 독립이사로 변경하고 이사회 내 의무선임 비율을 기존 4분의 1 이상에서 3분의 1 이상으로 확대, 상장사의 전자주주총회 도입 의무화 등 내용이 포함됐다. 이어 두 달이 채 지나지 않은 8월 25일, 2차 상법 개정안이 국회 본회의에서 가결됐으며 약 2주 뒤인 9월 9일 공포됐다. 자산 2조 원 이상 대규모 상장회사에 대해 집중투표제를 의무화하고 감사위원 분리선출 대상을 기존 1명에서 2명 이상으로 확대하는 내용이 포함됐다.

2025년 개편된 상법 개정안

구분	국회 본회의 가결	공포	시행
이사의 충실의무 대상을 기존 회사에서 주주로 확대	2025년 7월 3일	2025년 7월 22일	공포 즉시 (2025년 7월 22일)
감사위원 선임 시 최대주주 및 특수관계인의 의결권을 합산 3%로 제한	2025년 7월 3일	2025년 7월 22일	공포 후 1년 유예 (2026년 7월 23일)
사외이사의 명칭을 독립이사로 변경하고 이사회 내 의무선임 비율을 기존 1/4에서 1/3 이상으로 확대	2025년 7월 3일	2025년 7월 22일	공포 후 1년 유예 (2026년 7월 23일)
상장사의 전자주주총회 도입 의무화	2025년 7월 3일	2025년 7월 22일	2027년 1월 1일
자산 2조 원 이상 대규모 상장회사에 대해 집중투표제를 의무화	2025년 8월 25일	2025년 9월 9일	공포 후 1년 유예 (2026년 9월 10일)
감사위원 분리선출 대상을 기존 1명에서 2명 이상으로 확대	2025년 8월 25일	2025년 9월 9일	공포 후 1년 유예 (2026년 9월 10일)

출처: 라이프자산운용

　　최대주주와 소액주주의 이해관계를 일치시킬 세법 개정도 본격적으로 논의됐다. 국회는 2025년 12월 2일 조세특례제한법 개정안을 통과시키면서 고배당기업에 대해 최고 30% 세율로 배당소득 분리과세를 도입하는 내용을 포함시켰다. 그동안 배당소득에 대한 과세구조는 최대주주와 소액주주의 이해관계에 대한 불일치를 발생시켜 기업이 배당성향을 낮게 유지하는 주요 요인으로 지적됐다. 이 때문에 배당소득 분리과세를 도입해 최대주주의 세금 부담을 낮춰주면 기업의 배당성향도 제고할 수 있다.

2단계: 2026년 이사회 정상화

이제 '3개년 계획'의 다음 단계인 2026년에는 2025년 상법과 세법에서의 변화를 바탕으로 이사회의 정상화가 시작된다. 1차 상법 개정을 통해 이사의 충실의무 대상을 기존 회사에서 주주로 확대한 조항이 공포 즉시 시행됐기 때문에 수수권리가 부활하자 2026년 3월 정기주주총회에서 행동주의 투자자를 비롯한 소액주주의 문제 제기가 이어질 것이다.

　　대표적으로 이사의 보고 의무를 명문화하려는 정관 개정

에 대한 요구가 부상한다. 이사와 이사회를 평가하고 그 결과를 정기주주총회에서 보고하도록 하거나 리스크관리 위원회의 설치를 명문화해 매년 심의 결과를 보고하도록 하는 방안이 제기된다. 기업 지배구조 보고서를 정기주주총회에서 보고하고 더 나아가 승인받도록 하는 방안도 있다. 이사의 보고 의무뿐 아니라 주식보유 의무도 정관에 명시해 충분한 경제적 동기부여를 제공한다.

2026년 3월 정기주주총회 이후에는 상법 개정으로 바뀌는 조항들이 유예 기간을 거쳐 본격적으로 시행된다. 2026년 7월부터 1차 상법 개정에 포함된 모든 감사위원 선임 시 최대주주 및 특수관계인의 의결권을 합산 3%로 제한하는 조항과 사외이사의 명칭을 독립이사로 변경하고 이사회 내 의무선임 비율을 기존 4분의 1에서 3분의 1 이상으로 확대하는 조항이 시행된다. 9월에는 2차 상법 개정에 포함된 자산 2조 원 이상 대규모 상장회사에 대해 집중투표제를 의무화하는 조항과 감사위원 분리선출 대상을 기존 1명에서 2명 이상으로 확대하는 조항이 시행된다. 마지막으로 2027년 1월이 되면 상장사의 전자주주총회 도입을 의무화하는 조항이 시행된다.

이런 일련의 변화에 대해 기업과 최대주주도 경영권 침해로 해석하지 말고 '정상 경영의 시작'이라는 점을 받아들이는

것이 중요하다. 그동안 한국 기업의 최대주주 일가는 적은 지분으로도 절대적인 지배력을 행사해 왔다. 이 과정에서 마치 당연하다는 듯 소액주주의 이익을 철저히 침해했다. 이제는 앞서 이 책에서도 다뤘듯 애초에 주식이 '에퀴티(Equity)'라는 점을 인지해야 한다. 1주 1표의 비례적 이익이 보장된다는 점을 받아들여야 한다.

<h2 style="color:#e8533e; text-align:right">3단계: 2027년 주식시장 재평가</h2>

'3개년 계획'의 마지막 단계인 2027년에는 3월 정기주주총회부터 개정 상법이 모두 적용되면서 이사회의 투명성과 독립성이 강화된다. 이를 통해 주주를 대신해 최대주주와 경영진을 감독하고 견제하는 이사회 본연의 기능이 정상적으로 작동하게 된다. 그동안 억눌려 있던 기업가치가 꾸준히 오르면서 한국 주식시장이 재평가된다. 한국 주식시장 재평가가 중요한 이유는 금융상품에 대한 신뢰 때문이다. 그동안 저평가된 기업의 주식을 장기간 보유하더라도 한국 주식시장에서는 주가 재평가를 기대하기 어려웠다. 오히려 싼 주식이 더 싸지기만 할 뿐이었다. 그래서 펀드 매니저들은 하나같이 기업가치에

대한 장기적인 접근보다는 단기적으로 수급이 쏠리는 주도주를 찾는 모멘텀 투자에만 급급했고 한국 주식시장은 불행하게도 투전판에서 벗어날 수 없었다.

하지만 한국 주식시장의 구조적인 재평가가 현실화되면 기업의 가치를 평가하고 장기적인 접근을 하는 가치투자가 한국에서도 가능하게 된다. 랜덤한 도박을 하는 것이 아니라, 논리적인 접근으로도 수익을 낼 수 있다는 인식이 생기면 펀드매니저들도 일관된 운용을 하게 되고 일반 금융소비자들도 '믿고 맡길 수 있다'는 금융상품에 대한 신뢰를 갖게 된다. 자연스럽게 국민들은 투자 걱정이 없어지고 장기투자 문화가 정착된다. 이렇게 되면 미국 주식시장처럼 한국 주식시장도 기관투자자 중심으로 재편된다. 이재명 대통령이 도널드 트럼프 미국 대통령에게 펜을 선물한 이후 상한가로 치솟은 모나미, 제약·바이오 광풍을 타고 수백억원 영업적자에도 주가 고공행진을 이어갔던 신라젠, 말라리아 치료제가 코로나19 치료에 효과가 있다는 소문을 타고 9개월 만에 2600% 이상 상승했던 신풍제약 같은 투기가 사라진다.

대신 대형 우량기업들의 주가가 꾸준히 상승한다. 이 단계까지 오면 한국 주식시장은 또 한 번의 도약을 만든다. 바로 수급 여건의 개선이다. 한국 주식시장에 매력을 느낀 해외 자금이 주식형펀드를 통해 유입된다. 수급 상황이 우호적으로 변하는 것만으로도 코스피가 재차 상승한다.

결국 '3개년 계획'이 그리는 한국 주식시장의 미래는 경제에 실질적으로 이바지하는 시장이다. 기업가는 보상을 받고 기업은 투자금을 조달하는 장이 된다. 기업은 이 투자금으로 이익을 창출하고 재투자하면서 성장의 선순환 구조를 정착시킨다. 이 과정에서 고용창출, 기술혁신, 수출증대 등 경제적인 파급효과를 달성하면서 전체 사회가 이익을 향유할 수 있도록 한다.

그동안 미국 주식시장은 한국 투자자들에게는 동경의 대상이었다. 그저 부러움의 눈으로 바라볼 수밖에 없는 시장이었다. 하지만 이제 새로운 눈으로 한국 시장을 보자. 딱 3년이면 된다.

이제 거대 복합기업 삼성전자는 과거의 유물일 뿐이다.

대안은 사업부 독립성과 책임경영을 강화하는 구조개편이다.

지금까지의 거대한 위상에 비하면 터무니없이 작아 보일 수 있다.

하지만 삼성전자는 너무 거대해진 나머지 이미 통제하기 어려운

부분들이 생겨나고 있으며 곳곳에서 비효율이 발생하고 있다.

'초격차'를 강조하던 권오현 전 삼성전자 회장의 말을 되돌아보자.

경쟁에서 뒤처진 후발주자가 실수를 만회하고 다시 경쟁 우위를

확보하는 방법은 근본에서의 완전한 혁신과 변화뿐이다.

4부

코스피 5000 시대,

한국 기업이 가야 할 길

무엇이 문제이며
어떻게 해결할 것인가

앞서 일시적인 반도체 호황이 아니라 어떤 구조적인 변화를 거쳐야 항구적으로 코스피 5000 레벨에 안착할 것인지 살펴봤다. 이제까지 우리는 시장 전반의 밸류에이션이나 구조적 문제, 그리고 제도적인 조치들에 대해서 이야기했다. 그렇다면 개별 상장기업들의 구체적인 상황 속에서 이제까지 우리가 논의했던 문제들이 어떻게 낮은 밸류에이션으로 귀결되고 있을까. 그리고 우리가 이야기한 해결책들을 실제 개별기업에 어떻게 적용할 수 있을까. 4부에서는 이제까지의 논의를 구체화하기 위해 개별기업에 대한 이야기를 해보고자 한다.

먼저 한국을 대표하는 기업인 삼성과 현대의 상황을 볼 것이다. 시가총액 최상위권에 위치한 삼성과 현대는 한국 수출의 절반 이상을 책임지는 핵심기업이자 초거대기업이다. 동시에 한국 재벌기업 중에서 유이하게 지주회사 체제로 전환하지 않은 두 기업이기도 하다. 삼성, 현대의 변화 없이는 한국 주식시장의 변화를 말하기가 이려울 것이다. 4부에서는 두 재벌기업이 현재의 복잡한 지배구조를 갖게 된 연원을 살펴보고 바람직한 개선 방향에 대해 생각해 볼 것이다.

미국, 중국, 일본, 한국처럼 첨단 제조업과 기술기업이 강세인 국가들을 제외하고는 대부분의 국가들에서 시가총액 상위 기업은 금융기업들이다. 한국의 금융지주회사들 역시 삼성, 현대만큼 크지는 않지만 주식시장에서 큰 축을 담당한다. 한국의 제조기업들이 재벌 가족경영의 한계에 갇혀 있다면, 금융기업들은 이와는 정반대로 '주인 없는 기업'의 한계에 봉착해 있다. 뚜렷한 대주주가 없는 상황에서 정부의 입김, 주주와 이해관계가 일치되지 않는 내부자들의 욕심 등이 복잡하게 뒤엉키면서 또다른 측면으로 '코리아 디스카운트' 핵심 요인이 되고 있다.

대주주가 없는 상장기업이야말로 진정한 상장기업이라고 말할 수 있다. 미국이나 영국처럼 발전된 주식시장의 상장기업들에는 개인 대주주가 없다. 이런 면으로 볼 때, 한국의 금융지주회사들도 어찌 보면 가장 선진적인 지배구조를 가진 진정한 상장기업의 가능성을 갖추고 있다고 볼 수 있다. 삼성, 현대를 통해 재벌 지배구조의 발전 방향을 생각해 본다면, 금융지주회사들을 통해 대주주가 없는 기업들의 바람직한 발전 방향을 생각해 볼 것이다.

지배구조상 가족경영과 주인 없는 회사의 방만한 경영이 코리아 디스카운트의 주요 원인이라면, 재무구조 측면에서는 비효율적인 자원배분과 복합기업 할인(Conglomerate Discount)이 한국 주식시장 저평가 극복의 핵심 과제라고 할 수 있다. 주주의 가치가 극대화되기 위해서 기업의 재무구조는 최적의 부채비율을 유지한 상태에서 비주력 사업이나 유휴자산을 처분하고 주력 사업에 집중해서 효율성을 올려야 한다. 하지만 상당수의 한국 상장기업들은 지나치게 낮거나 높은 부채비율을 갖고 있거나, 본업과는 상관없는 무수익 혹은 비주력 자산을 불필요하게 장기간 보유하고 있는 경우가 많다. 사업이 잘되더라도 재무구조가 최적화돼 있지 않으면 주수가치는 훼손될 수 있다. 시가총액보다 더 큰, 사업과는 무관한 자산을 갖고 있는 KCC의 사례를 통해 이 문제를 들여다볼 것이다.

복합기업 할인도 한국 주식시장 저평가의 주요 원인 중 하나다. 오리온은 초코파이를 만드는 식품기업이지만, 동시에 항암제를 개발하는 바이오텍 회사의 최대주주이기도 하다. 한국에는 이처럼 서로 관련 없는 사업들이 하나의 기업 안에 동시에 존재하는 경우가 많다. 최근 주식시장은 상장지수펀드(ETF)가 시장의 수급을 주도하고 있다. ETF는 특정 업종이나 테마에 속한 기업들을 묶음으로 사들이는데 오리온처럼 극과 극의 사업을 동시에 영위하고 있으면 특정 업종에 속하기가 어려워 섹터ETF나 테마ETF의 수급에서 소외된다. 성장하는 사업과 정체돼 있는 사업이 한 기업에 같이 있으면 어느 쪽으로도 제대로 된 평가를 받기 어렵다. 기업이 성장하다 보면 여러 가지 사업에 진출하게 되는 일이 자연스러울 수 있다. 하지만 선진국 주식시장에서는 이런 복합기업들이 기업을 분할하거나 비주력 사업을 매각해서 사업의 밀도와 효율성을 높이는 일들이 지속돼 왔다. 오리온의 사례를 통해 복합기업 할인의 해소 방안을 생각해 볼 것이다.

무엇이 문제인지 정확히 알려면 문제를 해결한 모범사례를 알아보는 것도 도움이 될 것이다. 정답은 오답을 비추는 거울이 될 수 있으니 말이다. 한국 주식시장은 나쁜 기업, 이상한 기업의 사례가 넘치게 많다. 하지만 정답이라고 할 만한 기업의 사례는 참 드물다. 바이오벤처도 아니고 AI 테마주도 아닌 전통산업의 오래된 기업이지만 짧은 시간 놀라운 주가상승률을 기록한 메리츠금융지주 사례를 통해 지금의 문제 해결을 위한 근사치의 정답을 살펴보도록 하자.

메리츠금융지주
단 하나의 모범사례

**"대주주의 1주와
일반주주 1주의 가치는 동일하다"**

메리츠금융지주 대표이사인 김용범 부회장은 2022년 연차보고서 속 주주들을 향한 인사말에 "메리츠금융그룹에서 대주주의 1주와 일반주주 1주의 가치는 동일하다"라는 말을 담았다. 이 책에서 반복적으로 언급했듯이 주식(Equity)은 형평이라는 개념에서 나왔다. 그렇기에 '대주주 1주와 일반주주 1주는 같다'라는 말은 주식이라는 단어의 개념을 단순히 되뇌인 것과 다름없다. 하지만 극소수의 지분으로 회사를 개인회사처럼 운영하는 재벌 회장님들과 떠밀리듯 단기적인 투자에 몰두해야 하는 소액주주만 존재하는 한국에서 이 말은 너무나 희귀하고, 새롭고, 위대한 표현이었다.

뒤에서 다루겠지만 이 연차보고서는 2022년 11월 메리츠금융지주가 포괄적 주식교환으로 메리츠화재와 메리츠증권을 완전자회사로 편입하는 내용의 전면적인 지배구조 개편 계획을 발표한 직후에 발간됐다. 회장님 1인을 위한 경영이 아니라 모든 주주가 인정하는 투명하고 깨끗한 경영으로 주주가치를 극대화하겠다는 의지였다. 보고서 속 "두려움 없이 도전하겠다"는 말에는 결기마저 묻어났다. 이제 메리츠금융지주는 한국 주식시장에서 '단 하나의 모범사례'로 꼽힌다. 2025년 10월 말, 메리츠금융지주의 종가 기준 주가는 11만 500원으로 2021년 말과 비교했을 때 약 4년 만에 무려 2.5배가 됐다.

메리츠금융그룹에도 회장님은 있다. '한국 주식부자 1위'로 불리는 조정호 회장은 메리츠금융지주의 최대주주로 지분율이 55.8%로 굳건하다(2025년 9월 말 기준). 삼성전자 주가가 부진했던 시기인 2025년 3월, 메리츠금융지주의 주가는 고공행진을 이어갔고 조정호 회장이 이재용 삼성전자 회장을 제치고 한국 주식부자 1위에 오르기도 했다. 이 시기에 메리츠금융지주 시가총액은 24조 원을 웃돌았다.

175　　　　　　　　　　　

대주주의 1주와 일반주주의 1주가 동일한 가치를 가진다는 말은 사실 너무나도 '참'인 명제다. 하지만 아쉽게도 한국 주식시장에는 적용되지 않는 명제였다. 더욱이 최대주주 일가는 이 명제가 참인 줄 알면서도 무시해 왔다. 조정호 회장도 이 명제가 무시되기 쉬운 재벌가문에서 태어났다.

조정호 회장은 조중훈 한진그룹 초대회장의 막내아들(사남)이다. 한진그룹 일가는 아들이 많았다. 장남인 조양호 선대회장이 대한항공을, 차남인 조남호 회장이 한진중공업을, 삼남인 조수호 회장이 한진해운을 각각 맡으면서 사남인 조정호 회장은 그룹에서 비교적 무게감이 떨어지던 금융업을 맡게 됐다. 당시 조정호 회장의 손에 쥐어진 것은 금융업계에서도 존재감이 미미할뿐더러 열악한 재무구조로 퇴출까지 거론됐던 한진투자증권(현 메리츠증권)과 동양화재(현 메리츠화재)였다. 현재에 이르러 대한항공은 정책자금이 대거 투입돼 국적항공사로서 명맥을 근근이 이어가고 있으며 한진중공업과 한진해운은 이미 경영난으로 사라졌다. 이렇게 보면 메리츠금융그룹의 선전이 놀랍기만 하다.

조정호 회장은 메리츠금융지주의 최대주주이지만 대표이사는 아니다. 이들은 소유와 경영을 철저하게 분리하고 있다. 조정호 회장은 서던캘리포니아대학교 경제학과에서 학사를,

스위스 국제경영개발대학원에서 석사를 각각 취득한 이후 줄 곧 메리츠증권과 메리츠화재에서 근무해 스스로를 금융과 경영 전문가로 부를만하다. 그럼에도 그는 능력 있는 전문경영인을 적극적으로 영입했다. 오늘날 메리츠금융그룹을 만든 1등 공신으로 꼽히는 김용범 부회장이 대표적이다. 김용범 부회장은 삼성화재와 삼성투신운용, 삼성증권을 거친 자산운용 전문가다. 앞서 이 책에서 언급했듯 김용범 부회장은 2015년에 부여받은 스톡옵션을 약 10년 만인 2024년에 행사하면서 행사이익으로 814억 원을 손에 쥔 주인공이다. 그만큼 조정호 회장의 전문경영인에 대한 보상이 확실하다는 얘기다.

김용범 부회장이 오늘날 메리츠금융그룹을 만든 1등 공신으로 지목되는 이유는 2015년부터 2023년까지 대표이사로서 메리츠화재를 완전히 바꿔 놓은 이력이 있기 때문이다. 김용범 부회장은 메리츠화재 대표이사 취임 이후 계약기간이 3년 이상인 장기인보험 판매를 확대해 수익성을 끌어올리는 동시에 법인보험대리점(GA) 제휴를 확대해 공격적인 영업에 나섰나. 회사 내부적으로는 시금은 메리츠화새의 아이넨비비로 사리잡은 철저한 성과주의 문화를 정착시켰다. 이에 따라 김용범 부회장의 대표이사 취임 직전인 2014년, 1100억 원 안팎이던 당기순이익이 2023년에 이르러 1조 5000억 원을 뛰어

177

넘는 '신화'를 썼다. 특히 자사주 매입소각과 배당을 병행하는
총주주환원율 중심의 주주환원정책을 시행하면서 기업가치를
극적으로 끌어올렸다. 2014년 말부터 2023년 메리츠금융지
주 완전자회사 편입에 따른 상장폐지 직전까지, 메리츠화재의
주가상승률은 무려 300%가 넘었다.

"승계하지 않겠다"

조정호 회장은 2018년 김용범 부회장을 불러 메리츠금융그룹
지배구조의 효율성을 제고할 방안을 주문한다. 메리츠금융지
주를 모회사로, 메리츠화재와 메리츠증권을 자회사로 보유하
고 있는 것이 메리츠금융그룹 지배구조의 큰 틀이었다.

　하지만 세 회사가 모두 상장돼 있어 그룹의 두 축인 화재와
증권의 시너지 효과를 저해하고 있다는 것이 조정호 회장과
김용범 부회장의 공통된 인식이었다. 지주가 화재 지분 61%
를, 증권 지분 53%를 각각 보유했다. 그룹 차원에서는 증권의
딜 소싱(Deal Sourcing, 투자처 발굴) 능력과 화재의 장기투자 구조
를 결합해 계열사간 시너지 효과를 극대화할 필요성이 절실했
지만 그럴 때마다 증권과 화재 주주간 이해상충과 의사결정의

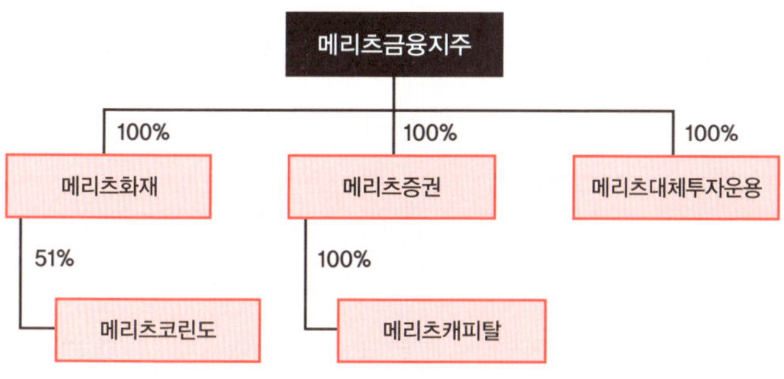

출처: 메리츠금융그룹(2025년 6월 30일)

복잡성이 문제가 됐다. 이를 해소할 수 있는 가장 확실한 방법은 은행지주 모델처럼 지주가 증권과 화재를 지분율 100%의 완전자회사로 만드는 것이었다. 다시 말해 모회사가 두 자회사 지분을 모두 가져 이해상충이 발생할 가능성을 원천적으로 차단하고 신속한 의사결정이 가능하도록 하는 것이었다. 하지만 이 경우 증권과 화재의 주주를 지주가 흡수하면서 조정호 회장의 지주에 대한 지배력이 감소하는 문세가 있었나.

2019년, 조정호 회장은 김용범 회장에게 '자녀에게 기업을 승계하지 않겠다'는 의사를 전달한다. 지분 승계에 골몰해 온갖 불법과 탈법을 자행하는 일반적인 기업 총수와 비교되는 행보였다. 이때부터 그룹 차원의 지배구조 개편 논의가 본격화됐다. 김용범 회장은 증권과 화재의 합산 당기순이익이 1조 원이 넘는 시기를 지배구조 개편 시기로 잡았다. 규제자본 충족, 주식매수청구 대응, 주주환원 재원 마련을 모두 달성하기 위해서는 이 정도 금액이 바탕이 돼야 한다고 판단했기 때문이다. 증권과 회재의 합산 당기순이익은 2021년 1조 원을 돌파했으며 향후에도 이런 흐름은 이어졌다. 2022년 11월, 메리츠금융지주는 포괄적 주식교환으로 메리츠화재와 메리츠증권을 지분율 100%의 완전자회사로 편입한 뒤 두 회사를 상장폐지하는 지배구조 개편 계획을 발표한다.

교환비율에 따라 조정호 회장의 메리츠금융지주에 대한 지분율은 기존 79%에서 47%로 하락하게 됐다. 지분을 승계할 경우 최대 60%에 이르는 상속세율을 고려하면 최대주주 일가의 지분율은 18% 안팎으로 감소하는 상황이었다. 그럼에도 조정호 회장의 '승계하지 않겠다'는 결심은 시장의 폭발적인 반응을 이끌어냈다. 메리츠금융그룹이 지배구조 개편 계획을 발표한 다음날, 메리츠금융지주·메리츠화재·메리츠증권의 주가는 동시에 상한가로 직행했다. 메리츠금융그룹의 지배구조 개편 작업은 2023년 4월 마무리됐다.

지주가 증권과 화재를 완전자회사로 편입하면서 주주환원

② 실행지표: 주주환원율[1]   단위: 억원

$$\frac{\text{자사주 매입액} + \text{현금배당액}}{\text{당해 연도 순이익}} \times 100$$

(단위: 억원)	2023	2024
당기순이익	21,254	23,334
자사주 매입액[2]	6,400	10,000
현금배당액[3]	4,483	2,400[3]
주주환원율	51.2%	53.1%

출처: 메리츠금융지주 2024년 경영실적

정책도 통합할 수 있게 됐다. 이에 따라 자기주식 매입과 배당을 합한 총주주환원율에 대한 원칙을 연결 기준 당기순이익의 50%로 하는 3개년(2023~2025년) 중기 주주환원정책이 지배구조개편 계획과 동시에 발표됐다. 김용범 부회장은 '원칙'이라는 단어를 직접 고를 만큼 주주환원정책을 정하는 데 공을 들였다.

2023년의 경우 6400억 원 규모의 자기주식 매입과 4483억 원 규모의 현금배당으로 51.2%의 총주주환원율을 달성했다. 이어 2024년에는 1조 원 규모의 자기주식 매입과 2400억 원 규모의 현금배당으로 총주주환원율이 53.1%에 이르렀다.

메리츠금융지주는 매입한 자사주를 모두 소각하고 있다. 메리츠금융지주가 중기 주주환원정책을 발표한 직후인 2023년 3월부터 2025년 8월까지 총 7차례에 걸쳐 소각한 자기주식 규모만 2조 5000억 원에 이른다.

메리츠금융지주가 모범사례로 꼽히는 이유는 단순히 적극적인 주주환원정책 때문만은 아니다. 공시와 IR사료 등의 소통 창구를 통해 자사주 매입소각 수익률, 요구수익률(자본비용), 총주주수익률(TSR) 등 기업가치 제고 계획의 근거가 되는 모든 핵심 지표를 투명하게 공개하고 있는 점도 한몫하고 있다.

메리츠금융지주 자본 배치 이행현황

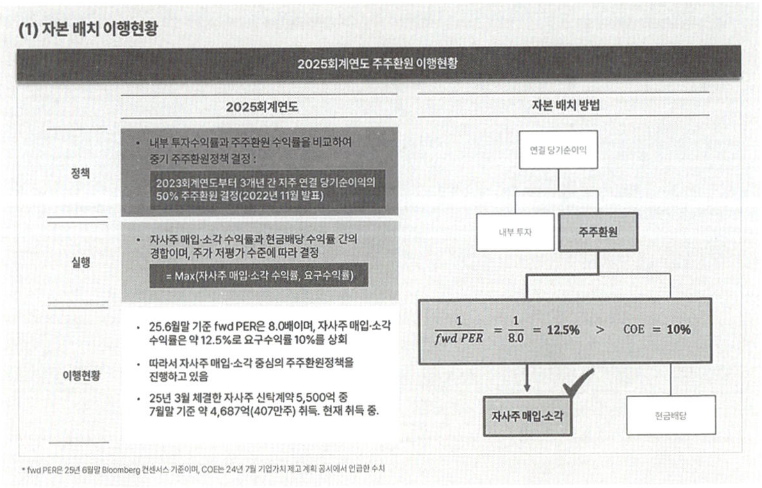

$$\frac{1}{fwd\ PER} = \frac{1}{8.0} = 12.5\% > COE = 10\%$$

출처: 메리츠금융지주 2025년 2분기 경영실적

이를 통해 일반주주와 신뢰 관계는 더욱 공고해진다. "함께 웃
어야 오래 웃는다"는 조정호 회장의 말이 딱 맞아떨어지는 대
목이다.

14장

삼성전자

잃어버린 '초격차'는 결국 지배구조 때문

이재용 회장은 어떻게
삼성그룹 지배력을 가졌나

한국 재계 1위 삼성그룹. 그중에서도 삼성전자는 한국 사람이면 다 아는 기업이다. 한 번이라도 삼성전자 제품을 써보지 않은 한국인은 찾기 어려울 것이다. 2024년 삼성전자의 매출액은 우리나라 GDP의 13%에 달하며, 최근 SK하이닉스의 약진에도 불구하고 여전히 부동의 한국 주식시장 시가총액 1위의 기업이다.

하지만 삼성그룹만큼 사람들의 인식이 크게 갈리는 곳도

없다. 이건희 선대회장에서 이재용 회장으로 이어지는 최대주
주 일가는 한국 사람들이 가장 존경하는 기업인으로 꼽히지만
안타깝게도 가장 싫어하는 기업인으로 꼽히기도 한다. 이는
이건희 선대회장에서 이재용 회장으로 삼성그룹에 대한 지배
력을 승계하는 과정에서 숱한 오점을 남겼기 때문이다.

　한국 대기업집단에서는 아주 적은 소유와 아주 많은 지배
력 사이에 불일치가 크게 나타나는데 삼성이야말로 그 대표적

삼성그룹 계열사 지분 구조

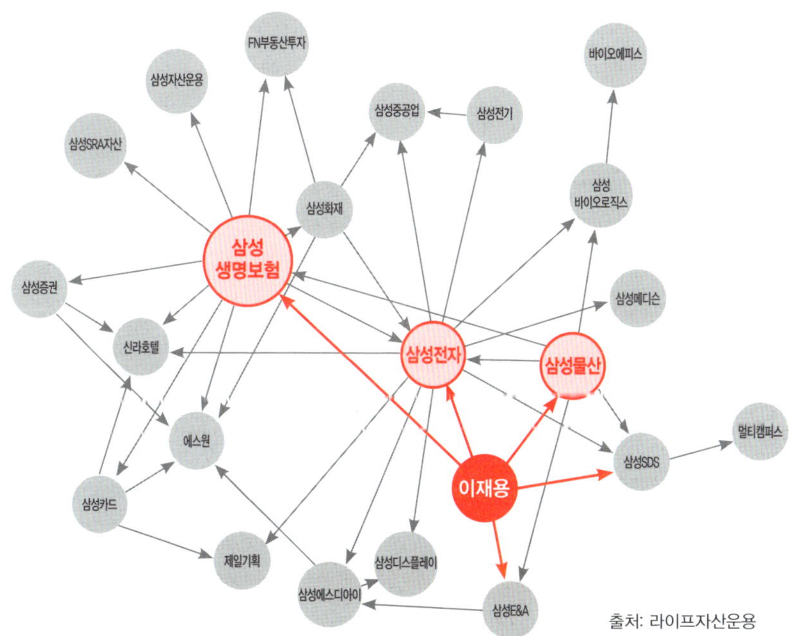

출처: 라이프자산운용

사례라고 할 수 있다. 앞서 언급했듯 한국 대기업집단에서 동일인(총수)의 실질적인 지배력을 나타내는 지표로 내부지분율이 있다. 내부지분율은 국내 계열회사의 발행주식총수 중 동일인과 친족, 계열회사, 비영리법인, 인원 등 동일인 관련자가 보유한 주식의 비율이다. 한국 대기업집단은 평균적으로 총수일가 지분율이 3.7%에 불과하시만 계열사를 이용힘으로씨 내부지분율은 62.4%에 이른다. 삼성그룹의 경우에는 총수일가 지분율은 1%에 불과하지만 계열사 지분율이 49%로 이에 따

집단별 내부지분율 변동 현황(총수 있는 집단 81개 기준)

기업집단	동일인	친족	총수일가	계열회사	내부지분율
삼성	0.6	0.5	1	49	52
에스케이	0	0.4	0.4	58.7	61.4
현대자동차	0.9	2.5	3.4	53.7	58.1
엘지	1.4	0.4	1.9	38.6	42
롯데	0.9	0.4	1.3	72.6	74.4
한화	0.3	1.2	1.5	57.6	63.7
HD현대	0.4	0.1	0.5	61.3	62.4
지에스	1	7.7	8.7	54.2	63.4
신세계	0.2	1.9	2.1	75.7	78.2
…	…	…	…	…	…
81개 합계	1.6	2.1	3.7	55.9	62.4

출처: 공정거래위원회 자료(2025년 5월 1일)

른 내부지분율이 52%였다. 50배가 넘는 레버리지라고 할 수 있다.

이건희 선대회장에서 이재용 회장으로 삼성그룹의 지배력을 승계하는 과정에는 세 가지 전환점이 있었다. 첫 번째는 앞서 이 책에서 다뤘던 1996년 에버랜드 전환사채(CB) 저가발행 사건이다. 에버랜드가 주주배정 방식으로 시가보다 훨씬 낮은 전환가격에 CB를 발행한 뒤 주주들에게 CB 인수를 포기하게 하면서 실권주를 이재용 회장을 포함한 사남매에게 배정한 사건이다. 하지만 2009년, 대법원은 업무상 배임죄로 기소된 이건희 선대회장을 포함한 에버랜드 임원(이사)에 대해 무죄 판결을 내렸다. 이후 에버랜드는 제일모직으로 사명을 바꾸고 옛 삼성물산을 합병하면서 오늘날의 삼성물산이 된다. 이재용 회장의 손에 쥐어진 에버랜드 CB가 현재 보유한 삼성물산 지분의 토대가 된 것이다.

두 번째 전환점은 역시 앞서 언급했던 1999년 삼성SDS 신주인수권부사채(BW) 저가발행 사건이다. 이재용 회장은 1999년 BW 인수로 그룹 내 IT서비스 회사인 삼성SDS에 대한 지배력을 키웠다. 이때 이건희 선대회장이 BW를 저가에 발행해 삼성SDS에 손해를 가했고, 2009년에 특경가법상 배임이 인정됐다. 이후 2013년에 이재용 회장은 자신이 최대주주로 있던 삼성SDS를 흡수합병 시키면서 삼성SDS에 대한 지배력을 또 한 번 늘렸다.

세 번째가 바로 삼성생명의 유배당보험 보험료를 이용한 삼성전자 지분 매입이다. 이 일은 1980년대에 일어나 다른 두 사건보다 시간적으로 앞선다. 삼성생명이 삼성전자 최대주주에 오른 사건으로, 다시 말해 오늘닐의 이재용 회징→심성물산→삼성생명→삼성전자로 이어지는 삼성그룹 지배력의 근간을 만든 사건이기도 하다. 유배당보험이란 보험회사가 가입자에게 받은 보험료를 운용한 뒤에 그 성과를 배당으로 나눠주는 보험상품을 말한다. 삼성생명은 1970~1980년대 유배당보험 159만 건을 138만 명에게 판매했고, 계약자로부터 받은 보험료 중 일부인 5444억 원으로 삼성전자 주식 약 5억 주를 매입했다. 이때 매입한 주식이 오늘날 삼성생명이 최대주주로서 보유하고 있는 삼성전자 지분 8.59%(2025년 9월 말 기준)의 근원이다.

다른 두 사건과 달리 삼성생명이 유배당보험 보험료로 삼성전자를 매입한 일은 법정으로 가지 않았지만 그 대신 회계처리 문제가 불거졌다. 이른바 삼성생명의 '일탈회계' 문제다. 유배당보험은 보험사가 보험료를 운용해 발생한 수익의 대부분을 계약자에게 배당해야 한다. 회계처리를 할 때 계약자에게 돌아갈 배당금은 일반적으로 부채로 인식되며 '보험부채' 항목에 해당한다. 하지만 삼성생명은 '삼성전자 주식을 처분할 계획이 없다'는 이유를 들어 삼성전자 주식에서 발생한 평가차익의 일부, 다시 말해 계약자에게 돌아갈 배당금을 부채로 분류하되 보험부채 항목이 아닌 '계약자지분조정' 항목에 반영했으며, 이에 따라 유배당보험 계약자에게 배당금으로 지급하지 않았다. 하지만 2023년부터 보험업권에 새로운 회계기준인 IFRS17이 도입되면서 계약자지분조정 항목이 더 이상 존재하지 않게 됐다. 금융당국은 IFRS17 도입을 한 달 앞두고 삼성생명의 주장을 받아들여 계약자지분조정 항목을 계속 유지할 수 있도록 했다. '일탈'이라는 이름이 붙은 것도 이런 이유 때문이다. 하지만 삼성생명에만 적용된 이 예외가 글로벌 회계기준에 부합하지 않는다는 비판은 이어졌다. 삼성생명이 계약자지분조정 항목에 반영하고 있는 금액은 삼성전자 주가에 따라 매번 달라지지만 2025년 9월 말 기준으로는 12조 원에 이른다.

문제는 2025년 2월, 삼성전지기 주주가치 제고를 위해 3조 원 규모의 자기주식을 소각하면서부터다. 삼성전자의 자기주식 소각으로 발행주식총수가 감소했기 때문에 삼성생명과 삼성화재의 삼성전자에 대한 합산 지분율이 10%를 넘기게

189

된 것이다. 금융산업구조개선법은 금융계열사의 비금융계열사에 대한 합산 지분을 10%까지만 보유하도록 하고 있다. 이에 따라 삼성생명은 삼성전자 지분 일부인 425만 주를 팔았다. 현행법을 준수하기 위한 조치였지만 결과적으로 일탈회계를 인정받을 수 있었던 '삼성전자 주식을 처분할 계획이 없다'는 전제가 무너진 것이다.

2025년 9월, 이찬진 금융감독원장이 국회 정무위원회 국정감사에서 "일탈회계는 국제회계기준에 맞게 해야 한다는 입장으로 내부 조율이 된 상태"라고 언급한 데 이어 한국회계기준원이 '회계기준적용의견서'를 발표하기로 하면서 삼성생명 일탈회계 논란은 결론을 향해 나아갔다. 적용의견서는 법적 구속력이 없지만 금융당국의 '질의회신'에 준하는 효력을 가지므로 회계업계의 가이드라인이 된다. 2025년 12월에 이르러 마침내 금융당국은 삼성생명의 일탈회계를 중단시키기로 결론을 냈다. 이로써 삼성생명은 2025년 말 결산분부터 IFRS17을 적용해 기존 계약자지분조정 항목에 반영하고 있던 금액을 보험부채 또는 자본으로 재분류하게 됐다. 일탈회계가 중단된 뒤에도 삼성생명이 삼성전자 주식을 처분할 계획이 없다는 입장을 고수한다면 계약자지분조정 항목에 반영하고 있는 금액은 보험부채가 아닌 자본으로 분류될 가능성이 높다.

다만 금융당국은 기본적으로 유배당보험계약을 다른 보험계
약과 구분해 재무제표에 표시하고, 보험업 관련 법규 요구사
항과 금리 변동 위험 영향 등에 대해 주석으로 충실히 기재해
야 한다는 입장이다. 이 때문에 삼성생명은 유배당보험 계약
자 몫을 자본으로 분류하더라도 주석으로 그 이유를 공시하게
됐다.

**'초격차'가 무색해진
밸류에이션 격차**

앞서 언급한 세 가지 전환점을 바탕으로 삼성그룹의 지배력
은 이건희 선대회장에서 이재용 회장으로 '어쨌든' 승계됐다.
이 과정에서 자연스럽게 삼성전자 의사결정의 중심에는 이재
용 회장이 자리잡게 됐다. 하지만 2020년 9월 이재용 회장이
삼성물산-제일모직 부당 합병과 삼성바이오로직스 회계부정
의혹으로 기소된 후 2025년 7월 대법원에서 최종적으로 무죄
판결을 받기까지의 5년이나, 혹은 2017년 국정농단 사태에
휘말렸던 시기부터 따지면 8년이나 사법 리스크에 시달려야
했다. 이재용 회장의 부재는 경영 부재로 이어졌다. 이재용 회

장의 빈 자리를 채운 것은 또다른 '경영의 중심'이자 실질적인 컨트롤타워인 사업지원TF(태스크포스)였다.

여기서 잠시 삼성그룹 컨트롤타워의 역사를 짚고 넘어가자. 삼성그룹은 2017년까지만 해도 그룹 차원의 컨트롤타워로 미래전략실을 뒀다. 미래전략실을 줄인 '미전실'은 삼성그룹을 잘 모르는 사람들도 한 번쯤은 들어봤을 단어다. 과거 삼성그룹 성장기에 미전실은 경영 성공의 상징처럼 비춰졌다. 그래서 다른 그룹도 이를 벤치마킹해 컨트롤타워 성격의 조직을 잇따라 설치하기도 했다. 하지만 미전실이 박근혜 정부 당시 국정농단 사태에 휘말렸고, 2017년에 삼성그룹은 미전실을 해체하는 특단의 조치를 내린다. 대신 기존 미전실의 기능에서 대관과 홍보를 제외한 핵심 역할을 각 계열사 3개 TF로 나눴다. 삼성전자의 사업지원TF, 삼성물산의 EPC(설계·조달·시공)경쟁력강화TF, 삼성생명의 금융경쟁력제고TF가 그것이다. 이 중 삼성전자의 사업지원TF에 과거 미전실 출신 인사들이 대거 배치되면서 실질적인 컨트롤타워 역할을 하게 됐다.

사업지원TF는 투자, 인수합병(M&A), 연구개발(R&D) 등 주요 경영 현안에 깊숙이 개입해 왔다. 이 때문에 의사결정의 투명성이 확보되지 않는데다 사후문제가 발생할 경우 책임의 주체를 특정하기 어렵다는 지적이 꾸준히 제기됐다. 또 자연스럽게 보고와 승인체계가 강화되면서 의사결정 속도를 저하시키고 조직 전반의 유연성을 약화시켰다는 지적도 나왔다. 주로 재무전문가들이 포진한 사업지원TF의 인력 구성도 문제시됐다. 사업현장 경험이나 기술 전문성이 부족한 인력 구성은 기술적 리스크를 정확히 평가하지 못하거나 기술적 사안을 재무적 관점으로 단순화하는 결과를 초래했다는 분석이 많다. 이후 2025년 11월, 삼성전자는 사업지원TF를 정식 조직인 사업지원실로 개편했다. 하지만 새로운 실장 자리에는 여전히 재무전문가가 배치됐다. 향후 사업지원실의 쓰임새를 두고 볼 일이다.

이재용 회장의 사법리스크가 불거진 2017년부터 대법원 무죄 판결에 이르기까지의 세월은 삼성전자에 '잃어버린 8년'이었고, 삼성전자는 리더십 공백 속에서 수많은 사업기회를 날려야 했다. 이사회 중심 경영을 제대로 정착시키지 못한 가운데 이재용 회장의 부재와 재무통 중심의 사업지원TF의 한계는 초격차 기술의 상징인 삼성전자를 제자리에 눌러 앉혀 버렸다. 2026년 2월, 삼성전자는 시가총액 1천 조를 달성하며 날개를 펴고 있다. 하지만 잃어버린 8년의 시간이 없었다면, 좀더 빠르게 달성할 수 있었을지도 모른다. 그 잃어버린 시간의 결과를 보자. PBR 1배와 9배. 도저히 비교가 안되는 수치

다. 한국 대표기업으로서 '국민주'로 불리는 삼성전자의 PBR
은 2025년 11월 말 기준 1.7배다. 그렇다면 PBR 9배를 받는
기업은 어디일까. 최근 한국에서도 학계와 산업계, 언론을 막
론하고 자주 이름이 오르내리고 있는 대만 반도체기업 TSMC
다. TSMC의 PBR은 대만 주식시장 기준 9.5배에 이른다.

TSMC는 미국 반도체기업 텍사스인스트루먼트(Texas
Instruments)의 수석 부사장을 역임한 모리스 창이 1987년 대
만에 설립한 기업이다. 삼성전자가 한국경제에 미치는 영향력
이 '어마어마하다'면, TSMC가 대만경제에 미치는 영향력은

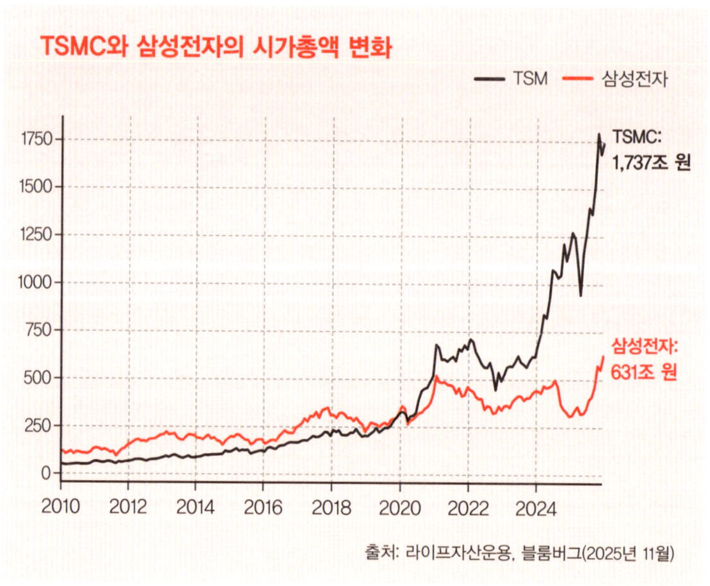

출처: 라이프자산운용, 블룸버그(2025년 11월)

말 그대로 '상상을 초월'한다. TSMC는 시가총액이 1조 5000억 달러, 원화로는 2300조 원을 넘어 대만 주식시장 전체 시가총액의 40% 이상을 차지한다. 시가총액으로 따지면 전 세계 상장기업 중 9위에 이르며 반도체기업으로 한정해도 엔비디아와 브로드컴에 이어 3위다. 2024년 매출액 133조 원, 영업이익은 61조 원을 넘겼다. 한국인으로서 안타까운 점은 2020년까지만 해도 삼성전자와 TSMC 두 회사의 시가총액에 큰 차이가 없었다가 불과 5년 만에 그 차이가 3배로 벌어졌다는 것이다. 이 책의 서론에서도 언급했듯 대만 주식시장의 시가총액이 한국 주식시장을 추월하는 데 가장 큰 역할을 한 곳도 TSMC였다.

시장조사 업체 트렌드포스(TrendForce)에 따르면 2025년 2분기 글로벌 파운드리 시장점유율은 TSMC가 70.2%로 압도적인 1위였다. 삼성전자가 2위로 뒤를 이었는데 7.3%에 머무르면서 큰 격차를 보였다. 물론 TSMC의 성공에는 바로 뒤에 자세히 설명할 순수 파운드리 비즈니스 모델이 가장 주효했다. TSMC는 '고객인 팹리스(Fabless) 업체들과 경쟁하지 않는다'는 원칙을 바탕으로 신뢰를 구축했다. 팹리스 업체로서는 반도체 설계와 연구개발(R&D)에 집중하면서 혁신에 속도를 낼 수 있었고, TSMC로서는 다양한 고객의 주문을 통합해

2025년 글로벌 파운드리 시장점유율

순위	기업명(Company)	매출			시장점유율	
		25.2 매출	25.1 매출	QoQ (증감률)	25.2 점유율	25.1 점유율
1	TSMC	30,239	25,517	18.5%	70.2%	67.6%
2	삼성(Samsung)	3,159	2,893	9.2%	7.3%	7.7%
3	SMIC	2,209	2,247	−1.7%	5.1%	6%
4	UMC	1,903	1,759	8.2%	4.4%	4.7%
5	글로벌파운드리(GlobalFoundries)	1,688	1,585	6.5%	3.9%	4.2%
6	화훙그룹(Huahong Group)	1,061	1,011	5%	2.5%	2.7%
7	뱅가드 국제 반도체(VIS)	379	363	4.3%	0.9%	1%
8	타워세미컨덕터 (Tower Semiconductor)	372	358	3.9%	0.90	0.9%
9	넥스칩(Nexchip)	363	353	2.9%	0.8%	0.9%
10	PSMC	345	327	5.4%	0.8%	0.9%
	Top 10 합계	41,718	36,413	14.6%	97%	97%

출처: 트렌드포스(TrendForce)

대규모 생산 효율을 달성하면서 원가 경쟁력을 확보하고 기술 투자를 지속할 수 있었다.

하지만 TSMC의 성공에는 철저한 이사회 중심의 의사결정도 주효했다. TSMC는 삼성전자처럼 최대주주 일가의 의사가 우선되거나 사업지원TF 같은 막후 조직을 두지 않았다. TSMC의 이사회는 단순히 형식적인 기구에 그치지 않고 세계적인 수준의 비즈니스 리더나 전문가로 구성되었다. TSMC 설립자인 모리스 창의 거버넌스 철학에 따른 것인데 그는 사외이사와 이사회의 독립성을 거버넌스의 기초로 봤다.

TSMC 이사회는 10명으로 구성되어 있다. 사내이사 3명과 사외이사 7명으로 사외이사 비중이 70%다. 사내이사 3명은 모두 대만 국적이지만 사외이사 7명은 미국 5명, 영국 1명, 대만 1명이다. 이사의 절반 이상이 외국인인 셈이다. 참고로 삼성전자 이사 중 사내이사와 사외이사를 막론하고 외국인은 한 명도 없다. TSMC는 "글로벌 관점을 갖춘 보다 전문적인 사외이사를 영입하면 이사회의 구조와 기능을 더욱 강화할 수 있으며 이는 기업 경쟁력 강화에도 상당히 기여할 것"이라는 방침을 표명해 왔다. 실제로 사외이사 7명 중 6명이 CEO로서 기업을 경영한 경험이 있으며 특히 5명은 공학에 전문성을 보유하고 있다.

TSMC는 이사회 결의 때마다 '이사회 회의 결의안(Board of Directors Meeting Resolutions)'을 회사 홈페이지에 올려 결의 이유와 결과를 투명하게 알리고 있다. 재무제표, 배당금 지급, 성과급 지급, 정기주주총회 소집, 자회사 출자, 채권 발행 등 기본적인 승인 사항뿐 아니라 예산, 임원 선임 및 승진, 유형자산 매각, 자사주 매입, 기부 등 승인 사항을 포함한다. 예를 들어

2025년 2월 12일자 이사회 회의 결의안에는 '장기적 생산능력 계획을 충족하기 위해 약 171억 달러의 자본 예산을 승인했다'라는 언급과 함께 '이 예산은 첨단기술 생산능력의 설치와 업그레이드, 팹(Fab) 건설과 팹 시설 설치 등 목적으로 사용된다'는 내용이 포함되었다.

앞서 삼성선사 의사결성의 중심에는 사업지원TF가 있었고, 주로 재무 전문가들이 포진되어 있다는 점을 언급했다. 재무통 리더십 아래에서 삼성전자는 비용 통제와 점유율 경쟁에 내몰렸다. 정작 삼성전자를 성장시킨 '초격차', 즉 기술의 격차는 잃어버린 8년 동안 뒷전으로 밀렸다. 이런 결과 파운드리에서는 TSMC에게, 메모리에서는 그동안 상대도 안됐던 SK하이닉스에게 각각 기술 리더십을 내줄 수밖에 없었다.

삼성전자가 그나마 초격차를 유지하기 위해 선택한 전략이 7nm(나노미터) 공정부터 극자외선(EUV) 노광장비를 경쟁사보다 공격적으로 도입하는 것이었다. 문제는 EUV 노광장비에 대한 공급은 네덜란드 ASML이 전 세계적으로 독점하고 있다는 점이다. 공정 최적화 과정에서 ASML 엔지니어에 대한 의존도가 매우 클 수밖에 없는 상황이다. 이런 상황이 지속되면서 삼성전자는 5nm와 4nm 공정에 이르러 수율 안정화에 큰 어려움을 겪었다. 그리고 퀄컴이나 엔비디아 같은 주요 고객이 TSMC로 이탈하는 것을 지켜봐야만 했다.

안타깝게도 재무 전문가들로 구성된 사업지원TF의 최상위 리더십은 수율 안정화 실패의 원인을 제대로 파악하지 못한 것으로 보인다. 오죽하면 2024년 5월 전영현 부회장이 파운드리 사업부가 소속된 DS(Device Solutions)부문장에 '구원투수'로 선임되었고, 수율이 저조한 원인을 파악하는 데만 6개월이 걸렸다는 얘기가 있을 정도다. 전영현 부회장이 LG반도체 출신으로 삼성전자 메모리 사업부장까지 역임한 반도체 전문가였는데도 말이다.

다행히 DS부문장에 전영현 부회장이 선임된 데 이어 2025년 4월에는 DX(Device eXperience)부문장 직무대행에 노태문 사장이 선임되면서 상황은 나아지고 있다. 메모리 사업부에서는 엔비디아의 5세대 고대역폭메모리(HBM3E) 공급망에 합류하고 이를 통해 주가 재평가의 계기를 만들고 있으며, 차세대 공정인 10나노급 6세대(1c) 공정에서 SK하이닉스를 가까스로 따라잡고 있다. 모바일(MX) 사업부에서는 폴드(Fold) 시리즈 성공과 삼싱폰에 내한 MZ세대의 인식 개선으로 글로벌 스마트폰 출하량 1위 자리를 공고히 했다. 전영현·노태문 리더십 체제에서야 추격을 시작한 점은 다시 말해 앞선 리더십이 얼마나 문제가 많았는지를 여실히 보여준다.

삼성전자 정상화의 필수조건, 기업분할

이제라도 삼성전자를 '정상'으로 돌려놔야 한다. 그 방법을 찾으려면 먼저 삼성전자의 사업모델부터 살펴봐야 한다. 삼성전자의 연결재무제표 기준 사업부문은 네 개로 나뉜다. DS(Device Solutions)부문과 DX(Device eXperience)부문, 삼성디스플레이, 하만(Harman)이다. 이 중 삼성디스플레이는 2012년 4월 LCD 사업부를 물적분할해 자회사로 신설했고, 하만은 2017년 3월 지분 100%를 약 9조 3000억 원에 사들여 자회사로 편입했다. DS부문은 메모리, 시스템LSI, 파운드리 사업부로 나뉘며 DX부문은 모바일(MX), 네트워크(NW), 영상디스플레이(VD), 생활가전(DA) 사업부로 나뉜다.

반도체 업체는 설계기술만 보유한 팹리스(Fabless) 업체, 생산만 전담하는 파운드리(Foundry) 업체, 설계와 생산이 모두 가능한 종합 반도체 업체(IDM)로 구분된다. 삼성전자는 DS부문만으로도 반도체 설계와 생산이 모두 가능한 종합 반도체 업체다. 여기에 DX부문까지 고려하면 반도체가 소요되는 기기 제조까지 가능한 탄탄한 수직 계열화를 이루고 있다. 사업모델만 보면 삼성전자는 애플(DX)과 마이크론(메모리)과

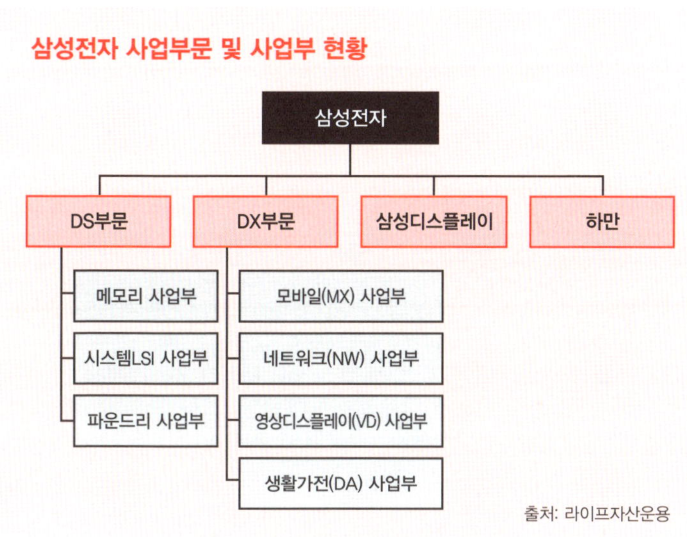

TSMC(파운드리)를 합쳐 놓은 것과 다름없다.

반도체부터 최종 응용제품까지 모든 걸 다 만드는 삼성전자의 사업모델은 과거 초격차 경쟁력의 원동력이었다. 하지만 모든 걸 다 할 수 있는 게 항상 좋은 것만은 아니다. 문제는 삼성전자가 반도체 설계를 담당하는 시스템LSI 사업부와 반도체 생산을 담당하는 파운드리 사업부를 동시에 가동하면서 파운드리 고객사와 경쟁 관계에 놓이게 된다는 점이다. 반도체 설계 기술만 보유한 팹리스 업체들은 반도체 설계까지 가능한 삼성전자를 잠재적 경쟁자로 인식해 기술 유출을 우려하게 되고, 결국 파운드리 물량에 대한 발주를 꺼리게 된다. 이렇게 되면 신뢰 구축에 한계가 생기면서 고객 기반이 좁아진다. 실제로 파운드리 사업부는 언제나 삼성전자의 '아픈 손가락'으로 묘사됐다. 시스템LSI와 파운드리 사업부를 합한 영업적자가 2023년 2조 원에 이어 2024년에는 5조 원이 넘는 등 적자의 늪에서 벗어나지 못하고 있기 때문이다. 이 때문에 시징에서는 파운드리 사업을 분사해야 한다는 의견이 꾸준히 제기됐다. 하지만 2024년 10월, 필리핀을 방문한 이재용 삼성전자

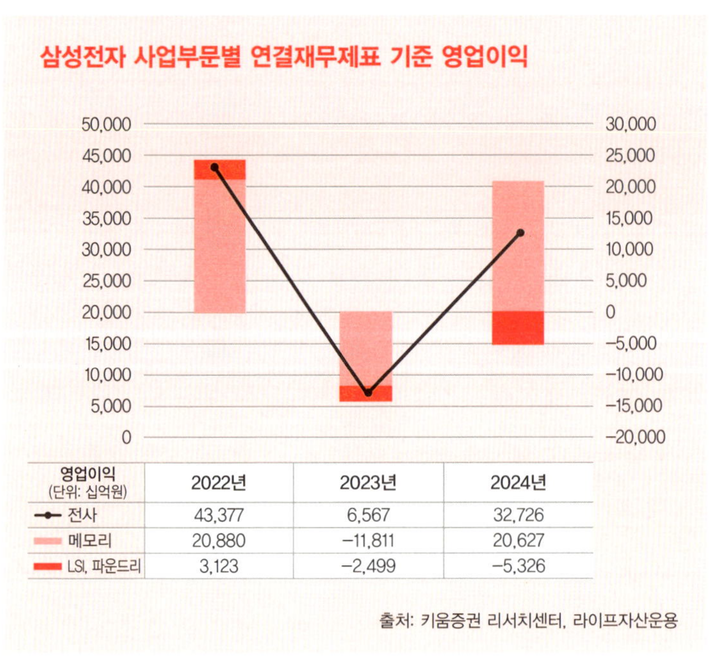

영업이익 (단위: 십억원)	2022년	2023년	2024년
전사	43,377	6,567	32,726
메모리	20,880	−11,811	20,627
LSI, 파운드리	3,123	−2,499	−5,326

출처: 키움증권 리서치센터, 라이프자산운용

회장은 영국 로이터(Reuters)를 통해 "파운드리와 시스템LSI 사업을 분사하는 데 관심이 없다"는 의견을 표명하기도 했다.

반면 TSMC의 사업모델은 아주 단순한 단일 파운드리다. TSMC가 처음부터 이러한 전문화 모델을 따른 것은 아니다. TSMC는 1987년 설립 당시 메모리 사업도 진행했다. 하지만 1990년대 들어 메모리 시장이 한국의 삼성전자, 현대전자(현 SK하이닉스)와 일본의 반도체 업체들의 치열한 경쟁으로 가격 하락과 공급 과잉이 극심해지자 TSMC는 메모리 사업에서 철수하고 파운드리 단일 사업에 집중하게 된다.

"TSMC가 없었다면 엔비디아도 없었다." 엔비디아 창립자이자 CEO인 젠슨 황이 한 말이다. 그만큼 TSMC에 대한 고객사의 신뢰가 높다는 것을 보여주는 사례다. 파운드리 고객사에게 TSMC는 삼성전자와 달리 잠재적 경쟁자가 아니다. 그렇기에 기술 유출에 대한 우려도 없다. 실제로 TSMC가 내세우고 있는 "고객과 경쟁하지 않는다"는 경영철학은 반도체 시장에 조금이라도 관심이 있는 사람이라면 한 번쯤 들어봤을 만큼 유명하다.

삼성전자가 나아가야 할 길을 잘 보여주는 전례가 있다. 삼성그룹 바깥에서 찾을 필요도 없다. 바로 한 식구인 삼성바이오로직스의 분할 사례다. 삼성바이오로직스는 바이오의약품

CDMO(위탁개발생산) 사업을, 삼성바이오로직스의 자회사인 삼성바이오에피스는 바이오의약품 개발을 각각 담당하고 있다. 그동안 일부 CDMO 고객사는 삼성바이오로직스와 삼성바이오에피스를 동일한 실체로 보고 이해상충에 대한 우려를 꾸준히 제기해 왔다. 이 때문에 2025년 5월 삼성바이오로직스는 삼성바이오에피스 지분을 보유한 삼성에피스홀딩스의 인석분할을 결정했다. 삼성바이오로직스는 "엄격한 방화벽(Firewall) 운영에도 불구하고 제기된 일부 고객사의 이해상충에 대한 우려를 완전히 불식하고, CDMO 단일 사업부문(Pure-Play CDMO) 회사로서 지속적인 성장 모멘텀을 확보한다"고 분할 이유를 밝혔다. TSMC처럼 '고객과 경쟁하지 않는다'는 논리다.

삼성바이오로직스의 분할 논리를 삼성전자 DS부문에 대입해 보면 바이오의약품 CDMO가 파운드리, 바이오의약품 개발이 시스템LSI로 정확히 맞아 떨어진다. 삼성바이오로직스의 CDMO 사업은 세계 최대의 생산능력(Capacity)을 갖고 있다. 이런 경쟁우위에도 불구하고 고객과의 경쟁을 이유로 분할 필요성을 스스로 제기했는데, TSMC에 속절없이 밀리고 있는 삼성전자 파운드리 비지니스에는 왜 이 논리를 적용하지 않는지 의문이다.

삼성전자가 D램시장을 지배하며 벌어들인 막대한 자본은

스마트폰에서 경쟁력이 됐고, 비메모리 사업에 투자할 수 있는 원동력이 됐다. 하지만 이런 복합 사업모델은 과거의 유물일 뿐이다. 2025년 11월, 메모리 반도체 가격이 급등했을 당시 재미있는 뉴스가 하나 있었다. 삼성전자 모바일(MX) 사업부에서 원가를 안정시키고자 삼성전자 메모리 사업부에 장기 공급 계약을 요청했는데, 판가 상승 극대화를 원했던 메모리 사업부가 이를 거부했다는 것이다. 부품과 세트 두 사업이 한 지붕에 있을 필요도 이젠 없어졌고, 한 지붕 안에 있다고 해도 각자의 사정이 급해서 서로가 서로를 도울 수도 없는 상황이라는 것을 이 뉴스가 말해준다.

이제 거대 복합기업 삼성전자는 과거의 유물일 뿐이다. 부품사업은 고객과 경쟁하지 않아야 하고, 세트사업은 탄력적이고 빠른 의사결정이 필요하다. 대안은 사업부 독립성과 책임경영을 강화하는 구조개편이다. 우리가 생각하는 삼성전자의 이상적인 모습을 큰 틀에서 설명하면 다음 장의 그림과 같다. 먼저 삼성전자에서 DS부문 중 메모리 사업부와 파운드리 사업부를 인적분할해 삼성반도체(가칭)를 출범시킨다. 이후 삼성전자는 DS부문 중 남은 시스템LSI 사업부를 물적분할해 자회사로 삼성엑시노스(가칭)를 출범시킨다. 이렇게 하면 파운드리 사업부와 시스템LSI 사업부간 지분관계가 없어지므로 파운드리 고객사로부터의 이해상충 우려를 근본적으로 제거할 수 있다. 삼성바이오로직스가 삼성에피스홀딩스를 인적분할한 것과 같은 구조다.

여기서 그치지 않고 삼성전자는 기존에 보유하고 있던 삼성SDI, 삼성SDS, 삼성중공업, 삼성바이오로직스 등 자회사 지분을 보유한 삼성홀딩스(가칭)를 인적분할한다. 이렇게 되면 삼성전자 내부에는 DX부문만 남게 된다. 삼성홀딩스는 장기적

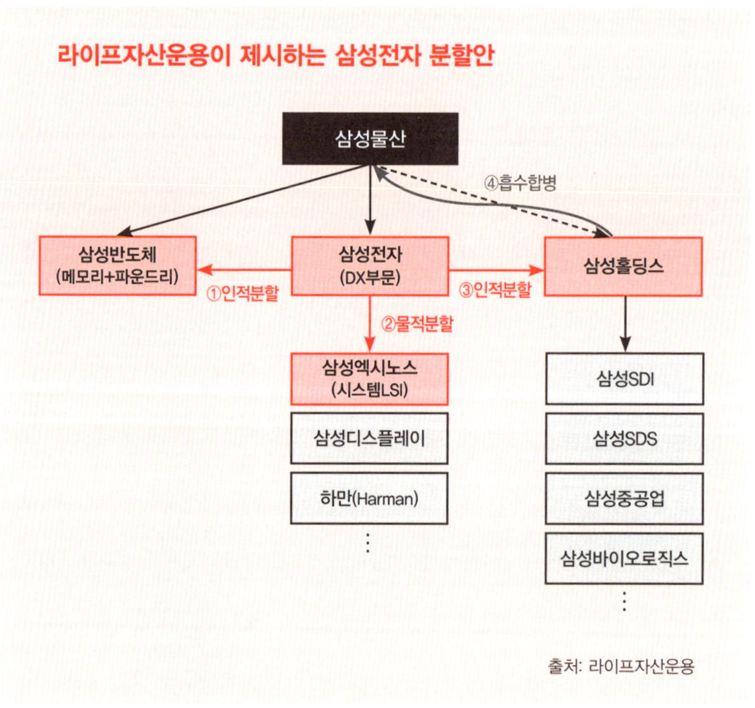

출처: 라이프자산운용

으로 삼성물산과 합병해 순수지주사 체제를 완성한다. 물론 삼성홀딩스의 분할은 뒤이어 이야기할 한국의 공정거래법 때문에 실현하기 쉽지 않다. 하지만 여기서는 삼성전자가 잘되기 위한 진짜 이상적인 모습을 이야기하려 한다. 주머니 속에 들어가는 스마트폰과 바다 위를 떠다니는 아파트보다 더 큰 쇳덩어리(조선)를 만드는 사업을 같이 하는 게 무슨 시너지가 있겠는가 하는 말이다.

2026년 들어 맞이한 삼성전자의 호황을 생각하면 굳이 분할이 필요한가라는 생각이 들 수도 있다. 하지만 지금의 호황을 일시적인 게 아닌, 지속적인 것으로 만들려면 삼성전자의 분할은 필요하다. 쪼개진 삼성전자, 지금까지의 거대한 위상에 비하면 터무니없이 작아보일 수 있다. 하지만 삼성전자는 너무 거대해진 나머지 이미 통제하기 어려운 부분들이 생겨나고 있으며 곳곳에서 비효율이 발생하고 있다. 스마트폰과 가전시장에서의 현란한 트렌드 변화에 대응하고 소비자를 대상으로 하는 말랑말랑한 플랫폼 비즈니스를 구축할 수 있는 경영능력과, 딥테크에 높은 이해도를 보유하고 천문학적인 자본투자가 필요한 반도체산업에서 결단력을 발휘할 수 있는 경영능력을 모두 겸비한 경영자는 지구상에 존재하지 않는다는 게 정상적인 논리다. 이런 어려운 일을 굳이 시도할 필요는 없

지 않은가. 불가능한 일을 시도하고 있는 삼성전자를 보며 시
장은 갈수록 낮은 평가를 내리고 있다. 가전제품의 품질이 문
제가 되었을 때 임원들을 모아놓고 텔레비전 화형식을 거행하
고 '마누라, 자식 빼고 다 바꿔라'던 이건희 선대회장의 말을
기억하자. '초격차'를 강조하던 권오현 전 삼성전자 회장의 말
을 되돌아보자. 경쟁에서 뒤쳐진 후발수자가 실수를 반회하고
다시 경쟁 우위를 확보하는 방법은 근본에서의 완전한 혁신과
변화뿐이다. 삼성전자는 이제는 쪼개져야만 강해질 수 있다.

<h2 style="color:#e8462a; text-align:right;">지주사 규제가 가야할 길 :
구조인가 행위인가</h2>

삼성전자 분할 구도에서 추가로 해결해야 할 부분은 많다. 먼
저 삼성생명이 갖고 있는 삼성전자 지분을 해결해야 한다. 삼
성생명의 삼성전자에 대한 지배력을 끊어내는 작업이다. 앞서
언급했듯 삼성생명은 유배당보험 보험료로 사모은 삼성전자
지분 8.59%를 갖고 있다. 이 지분가치는 삼성전자 주가를 9만
원으로 가정했을 때 무려 45조 원에 이른다. 삼성생명이 가진
이 지분은 장기적으로는 향후 지주사가 될 삼성물산이 가져

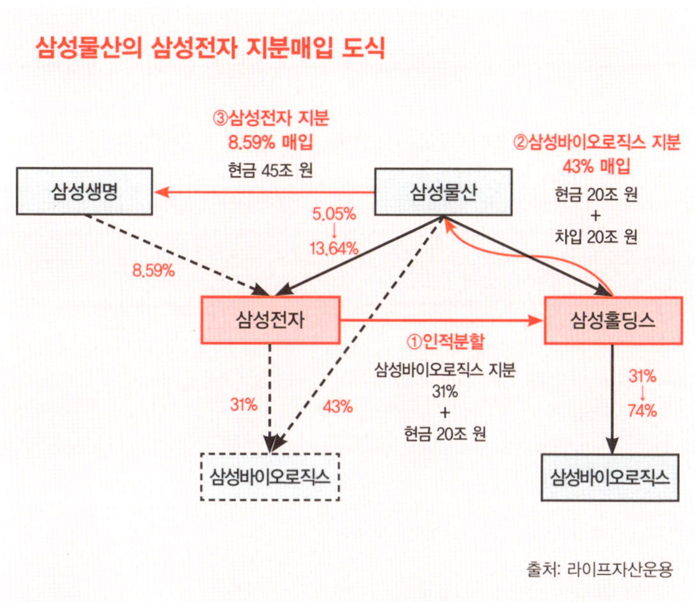

가야 한다. 그러려면 삼성물산은 삼성생명으로부터 이 지분을 사올 돈이 필요하다. 삼성물산은 이 돈을 어떻게 마련할 수 있을까.

다양한 방법이 있겠지만 삼성물산이 갖고 있는 삼성바이오로직스 지분을 이용하는 방법을 생각해 볼 수 있다. 삼성바이오로직스 지분을 삼성홀딩스에 넘기는 방법이다. 2025년 10월 말 기준 삼성바이오로직스 지분은 삼성물산이 43%, 삼성전자가 31% 갖고 있다. 삼성물산이 갖고 있는 삼성바이오로직스 지분가치는 주가를 120만 원으로 가정했을 때 40조 원 정도다. 방법은 이렇다. 현재 삼성전자가 보유한 현금은 단기금융 상품을 합쳐 100조 원이다. 삼성홀딩스가 인적분할할 때 삼성바이오로직스 지분 31%와 함께 현금 20조 원을 갖고 나온다. 이어 삼성홀딩스가 자체적으로 20조 원을 차입해 합산 현금 40조 원을 만든다. 삼성홀딩스는 이 돈으로 삼성물산이 갖고 있던 삼성바이오로직스 지분 43%를 사들인다. 그러면 삼성홀딩스는 삼성바이오로직스 합산 지분 74%를 갖고

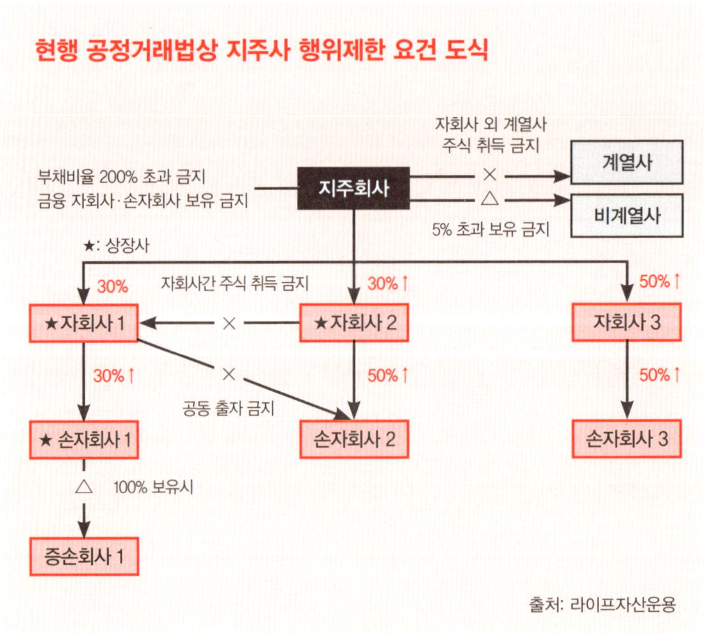

삼성물산은 40조 원을 손에 쥔다. 삼성물산은 이 돈으로 삼성생명으로부터 삼성전자 지분을 사들인다.

이 문제 말고도 무엇보다 공정거래법상 지주사 행위제한 요건을 만족해야 하는 문제가 있다. 지주사 행위제한 요건이란 지주사가 상장 자회사 지분을 30% 이상(비상장 자회사 지분은 50% 이상), 자회사는 상장 손자회사 지분을 30% 이상(비상장 손자회사 지분은 50% 이상), 손자회사는 증손회사 지분을 100% 보유해야 한다는 규제다. 삼성물산이 지주사가 되면 이 요건을 만족하기 위해 현재 자회사인 삼성전자와 삼성E&A뿐 아니라 향후 자회사로 편입될 삼성SDI, 삼성전기, 삼성중공업 등 상장사 지분을 30%까지 끌어올려야 한다. 2025년 10월 말 기준으로 삼성물산이 보유한 지분은 삼성전자 5%, 삼성E&A 7%에 불과하며 삼성전자가 보유한 지분은 삼성SDI 19%, 삼성전기 23%, 삼성중공업 15%에 불과하다. 주식교환이나 현물출자 등 방법을 동원하더라도 결국 공개매수에 수십조원에 이르는 엄두도 못 낼 만큼 천문학적인 자금이 소요될 것이다. 사업적인 목적이 아닌 오직 의무보유 지분율에 맞추기 위해 수십조원의 차입을 삼성물산뿐 아니라 그룹 계열사 전반이 떠안아야 할 수도 있다.

원래 한국의 지주사 제도는 1997년 IMF 외환위기를 거치면서 도입됐다. 한국의 재벌일가는 적은 지분으로도 계열사를 이용해 문어발식으로 그룹을 확장해 왔다. IMF 외환위기를 맞아 기업 부실이 잇따르자 정부는 그 원인을 '적게 소유해도 많이 지배하는' 지배구조에서 찾고자 했다. 그래서 지배력과 책임의 일치를 의도한 게 지주사 제도다. 지주사 제도를 도입해 부녕한 지배구조를 유도하는 동시에 엄격한 요건을 직용했는데 그중 하나가 의무보유 지분율을 명시한 것이다. 결국 지분율 요건은 지배력 행사를 위한 최소한의 수준을 정한 것이다. 물론 삼성그룹의 후진적인 지배구조를 만든 첫 번째 요인은 분명히 계열사를 이용해 '적게 소유해도 많이 지배하려는' 최대주주 일가의 욕심 때문이 틀림없다. **하지만 오늘날 후진적인 지배구조의 해소를 가로막고 있는 요인 중 하나가 제도라는 점도 알아야 한다. 지분율 허들 30%는 현실적으로 너무 높다.** 이 책에서 다음으로 다룰 현대차그룹도 순환출자 구조를 장기간 해소하지 못하고 있는 데는 이 의무보유 지분율을 맞추는 데 상당한 비용이 소요되기 때문이 크다. 한국 재계 1위와 3위의 지배구조 선진화를 제약하는 요인이라면 분명히 되짚어볼 필요가 있다.

물론 지주사(Holding Company)라는 개념 자체는 대부분 국가에 존재한다. 하지만 애초에 자회사와 손자회사에 대한 지분율 요건을 구체적으로 강제하고 있는 나라는 선진시장 중에서 한국이 유일하다. 이 차이는 한국이 지분율 요건 등 '구조(Structure)' 중심의 사전 규제 방식을 취하고 있는 반면 대부분 국가는 '행위(Conduct)' 중심의 사후 감독 방식을 취하고 있는 데서 비롯된다. 다시 말해 대부분 국가에서 지주사는 연결 회계나 공시 의무를 규율하거나 독점을 포함한 불공정거래를 규제하려는 목적으로 두고 있을 뿐이다. 자본시장이 발달한 미국이나 영국뿐 아니라 그나마 재벌형 경제력 집중을 겪어 역사적 배경이 한국과 비슷한 일본이나 독일도 자회사에 대한 지분율 요건을 정하고 있지는 않다.

의무보유 지분율 요건은 최초 상장사 30%, 비상장사 50%였다가 2007년 한때 지주사 전환을 촉진하려는 의도로 상장사 20%, 비상장사 40%로 완화되기도 했다. 하지만 2021년 12월 30일부터 공정거래법 전부개정안이 시행되면서 새로 설립 또는 전환되는 지주사나 새로 편입되는 자회사에 대해 현행대로 다시 상향 조정됐다. 결국 기업집단에 대한 규제를 강화하는 방향으로 정책의 기조가 돌아온 것이다. 앞서 제도가 일시적으로 완화됐을 때 새로 설립되거나 전환된 지주사는 여전히 자회사에 대한 지분율이 30%가 채 되지 않는 경우가 많다. 2021년 5월 ㈜LG로부터 인적분할된 LX홀딩스가 여전히 자회사 LX인터내셔널(옛 LG상사)에 대한 지분율이 27%에 그치고 있는 것이 대표적이다. SK그룹 ICT(정보통신기술) 계열 중간지주사 SK스퀘어도 비슷한 사례다. SK스퀘어는 공정거래법 전부개정안 시행을 불과 이틀 남겨둔 2021년 12월 28일 공정거래위원회로부터 지주사 전환을 승인받았다. 이 때문에 SK스퀘어는 지주사이지만 SK하이닉스에 대한 지분율이 20%뿐이다.

지주사 행위제한 요건은 지배력을 투명화하는 데는 일정 부분 효과를 얻었지만 오늘날 지배구조 개편을 제약하는 부작용을 낳고 있다. 이미 시대적으로 한참 뒤쳐졌다. 제도의 완화 없이는 수십조원의 벽에 가로막혀 지배구조 개편은 제자리걸음할 뿐이다. 도대체 언제까지 온 나라가 삼성그룹을 붙잡고 지배구조의 실타래를 스스로 풀기만을 요구하고 있을 것인가. 지배구조 선진화를 촉진하기 위해, 이제는 제도의 완화를 논의할 때다.

현대차
20년째 끝나지 않는 세대 교체

<hr>

'세계 3위' 완성차업체의
'세계 꼴찌' 지배구조

2023년 3월, 한국 시장에 놀랄 만한 소식이 들렸다. 현대자동차그룹이 2022년 전 세계 완성차 판매량 3위에 오른 것이다. 현대차그룹은 한 해 동안 684만 대를 넘게 팔아 전통이 완성차 명가인 일본 토요타그룹(1048만 대)과 독일 폭스바겐그룹(848만 대)의 뒤를 이었다. 글로벌 얼라이언스인 르노-닛산-미쓰비시나 미국GM, 스텔란티스그룹을 모두 앞선 쾌거였다. 시장에서는 현대차그룹의 고급차 브랜드 제네시스의 판매량 호조에 더해 전기차와 수소차를 앞세운 친환경차 시장에서의 '퍼스트 무버(First mover)' 전략이 적중했다는 평가를 내놨다.

하지만 전 세계적인 판매 성과에도 불구하고 주식시장에서 매겨지고 있는 현대차의 기업가치는 아쉽기만 하다. 2025년 9월 말 현대차 주가는 종가 기준 21만 5000원으로 3년 전에 비해 21.8% 오르는 데 그쳤다. 5년 전에 비해서는 20.4% 오르는 데 그쳤다. 그렇다면 10년 전에 비해서는? 고작 31.1% 올랐을 뿐이다. 시장 전문가들이 현대차 주식을 한국 주식시장의 대표적인 박스권 주식으로 꼽는 데 주저하지 않는 이유다. PBR은 2023년 말 0.58배에 이어 2024년 말 0.51배로 한국 대표 완성차업체라는 수식어가 무색할 정도다. 현대차 주식이 이처럼 만년 저평가되는 이유가 무엇일까.

현대차그룹의 약점으로 꼬리표처럼 따라다니는 것이 지배구조다. 그리고 현대차그룹의 지배구조를 애기할 때 항상 빠지지 않고 언급되는 단어가 있다. 바로 '순환출자'다. 순환출자는 각 계열사가 서로의 지분을 연쇄적으로 보유함으로써 출자 관계가 원형으로 연결되는 지배구조를 말한다. 계열사들이 서로의 지분을 떠받치고 있으므로 총수일가가 직접 보유하는 지분이 적더라도 실질적인 지배력은 매우 커지는 문제가 있다. 이 때문에 한국은 자산총액 5조 원 이상인 공시대상 기업집단

중 자산총액이 명목 GDP의 0.5% 이상인 상호출자 제한기업집단(상출집단)에 대해 공정거래법으로써 순환출자를 원칙적으로 금지하고 있다. 다만 2014년 7월 이전에 형성된 순환출자에 대해서는 확대 또는 강화 금지를 전제로 유지를 허용하는 예외를 인정하고 있다. 현대차그룹이 이 예외에 해당한다.

현대차그룹의 순환출자 구조는 큰 틀에서 현대모비스→현대차→기아→현대모비스로 도식화할 수 있다. 2025년 10월 말 기준으로 현대모비스가 현대차 지분 22.4%를 보유하고, 현대차가 기아 지분 34.5%를 보유하며, 기아가 현대모비스 지분 17.9%를 보유하는 형태다. 현대차그룹의 순환출자

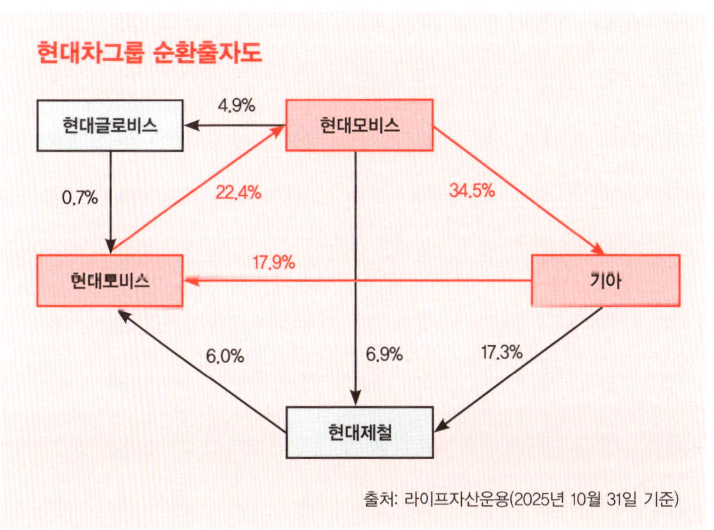

출처: 라이프자산운용(2025년 10월 31일 기준)

구조는 한국의 대기업집단을 통틀어서도 흔하지 않은 사례다. 대부분 기업집단이 이미 순환출자 구조를 해소했기 때문이다. 2025년 5월 공정거래위원회가 정한 총수 있는 공시대상기업 집단(대기업집단) 81곳 중 순환출자 구조를 유지하고 있는 곳은 5곳뿐이며 10대 기업집단 중에서는 현대차그룹이 유일하다. 삼성그룹의 경우 2018년 9월 삼성전기와 삼성화재가 각각 보유하고 있던 삼성물산 지분 2.61%와 1.37%를 시간외 대량매매(블록딜)로 처분하면서 순환출자 고리를 끊어냈다.

현대차그룹의 순환출자 구조가 성립된 것은 2000년 현대그룹으로부터 계열분리를 하면서부터다. **정몽구 명예회장에서 정의선 회장으로 이어지는 최대주주 일가가 핵심 계열사에 대한 지배력을 획득한 수단이 바로 순환출자다.** 그 시작은 1998년 IMF 외환위기 때로 거슬러 올라간다. 당시 기아는 IMF 외환위기를 맞아 부실기업으로 추락하면서 법정관리 절차가 개시된다. 이후 공개 경쟁 입찰을 통해 우선협상대상자로 선정된 곳이 현대차다. 현대차는 무려 7조 원이 넘는 기아의 부채를 탕감 받는 조건으로 지분 51%를 취득한다.

계열분리 작업이 본격적으로 시작되면서 애초에 4륜구동 차량과 철도차량 생산에 집중하던 현대모비스(당시 현대정공)는 현대차와 기아로부터 AS부품사업을 양수한 데 이어 모듈사업에 진출하면서 현대차그룹 지배구조의 열쇠로 부상한다. 이어 계열분리 작업의 일환으로 현대제철(당시 인천제철)이 보유하고 있던 현대모비스 지분을 매각하는데 이를 매입한 곳이 기아다. 이로써 기아는 현대모비스 최대주주에 오른다. 이후 2009년에 이르러 현대모비스가 현대오토넷을 흡수합병할 때 기아가 보유하고 있던 현대오토넷 주식이 현대모비스 신주로 전환되면서 기아는 현대모비스에 대한 지배력을 더 늘린다. 한편 현대모비스는 1999년부터 정주영 현대그룹 명예회장이 보유하고 있던 현대차 지분을 순차적으로 사들인 데 이어 2003년에는 일본 미쓰비시가 보유하고 있던 현대차 지분을 사들이면서 현대차 최대주주로 자리잡는다.

현대차그룹은 순환출자 구조 해소에 대한 요구를 꾸준히 받아왔다. 특히 문재인 대통령 정부 시기 김상조 공정거래위원장은 현대차그룹에 지배구조 개편을 강하게 요구했다. 이에 따라 현대차그룹이 2018년 3월 내놓은 것이 현대모비스를 지배회사로 탈바꿈시키는 지배구조 개편안이다. 이 경우 현대모비스는 지주회사가 아닌 지배회사가 되며, 지배회사 아래에 세 개의 계층으로 자회사를 배치하게 된다. 이 개편안은 세 단계를 거친다. 첫 번째로 현대모비스에서 AS부품 사업부문과 모듈 사업부문을 인적분할해 현대글로비스에 합병시킨다. 두

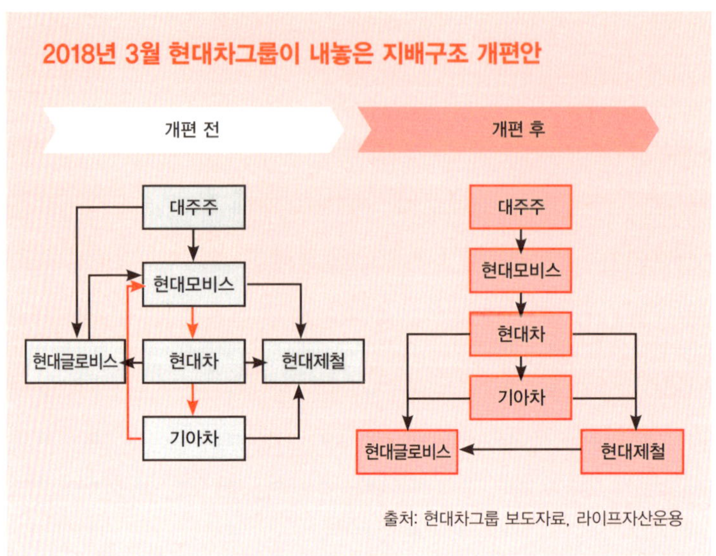

번째로 정몽구 명예회장과 정의선 회장이 보유할 합병 현대글로비스 지분과 기아차가 보유한 존속 현대모비스 지분을 교환한다. 세 번째로 정몽구 명예회장과 정의선 회장은 현대제철과 현대글로비스 등 계열사가 보유한 존속 현대모비스 지분을 추가로 매입한다.

하지만 현대차그룹이 내놓은 지배구조 개편안은 시장의 강한 반대에 부딪혔다. 특히 미국계 행동주의 투자자인 엘리엇이 현대차그룹의 지배구조 개편안에 반대하는 캠페인을 대대적으로 벌이면서 철회를 압박하고 나섰다. 엘리엇은 "현대

차그룹의 지배구조 개선안은 타당한 사업 논리에 의해 뒷받침
되지 않고 소액주주에게 명확한 혜택이 없다"고 주장했다. 엘
리엇은 현대모비스와 현대차를 합병시켜 지주회사를 출범시
키는 지배구조 개편안을 대안으로 제시하기도 했다. 엘리엇은
지주회사 모델이 현대차그룹의 지배회사 모델보다 배당금에
대한 세금 누수를 줄이고 자본을 효율적으로 배분할 수 있다
고 봤다.

여기서 잠시 엘리엇이 제시했던 지배구조 개편안을 짚고
넘어가자. 엘리엇의 개편안은 네 단계를 거친다. 첫 번째로 현
대모비스와 현대차를 합병시켜 그룹 지주사 역할을 할 현대차
홀딩스(가칭)를 출범시킨다. 두 번째로 현대차홀딩스에서 사업

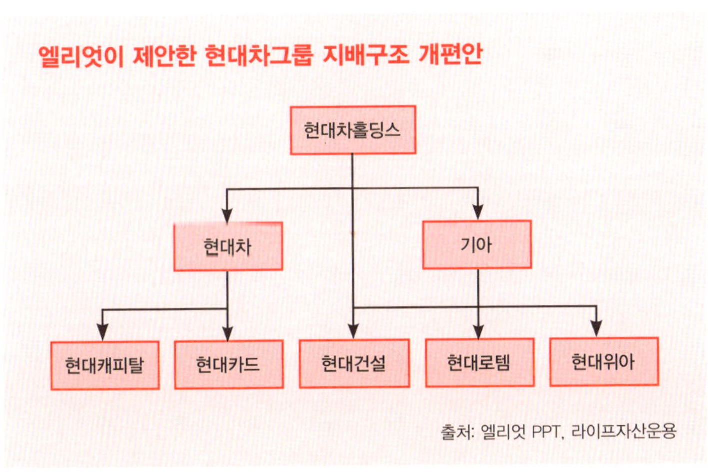

출처: 엘리엇 PPT, 라이프자산운용

회사인 현대차를 인적분할한다. 이렇게 되면 현대차홀딩스는 자체 사업이 없는 순수지주사로 탈바꿈한다. 세 번째로 현대차홀딩스가 자사주를 대가로 현대차 지분을 공개매수한다. 핵심 사업회사에 대한 지주사의 지배력을 공고히 하는 것이다. 네 번째로 기아가 보유한 현대차홀딩스와 현대차 지분을 처분한다. 비로소 순환출자 고리를 끊어내는 작업이나.

하지만 현대차그룹의 개편안이나 엘리엇의 개편안 모두 실현되지 못했다. 현대차그룹이 지배구조 개편 계획을 약 두 달 만인 2018년 5월에 전면 철회했기 때문이다. 엘리엇의 대대적인 캠페인에 더해 세계 최대 의결권 자문사 ISS가 현대차그룹의 개편안에 대해 반대를 권고하고 나서면서 시장 분위기가 급격히 기울었다. 현대차그룹은 지배구조 개편안을 보완해 재추진하겠다는 입장을 내놨지만 이 사건 이후 새로운 개편안은 나오지 않았다. 그 사이 정의선 수석부회장이 2020년 10월 회장에 취임했지만 현대차그룹의 지배구조 개편 시계는 여전히 멈춘 상태다.

최근까지도 현대차그룹이 지배구조 개편에 소극적인 가운데 시장에서는 갖가지 시나리오만 흘러나오고 있다. 이 가운데 활용 가치를 주목받고 있는 것은 정의선 회장이 개인적으로 보유한 미국 로봇업체인 보스턴다이내믹스 지분이다. 보스턴다이내믹스는 2013년 미국 구글이, 2017년에는 일본 소프트뱅크가 경영권을 잇따라 인수한 업체로 한국에서는 '쓰러져도 일어나는' 로봇 영상으로 유명해진 곳이다. 수없이 몸으로 밀거나 발로 차 넘어뜨려도 균형을 잡고 일어나는 보스턴다이내믹스의 로봇 '스팟(Spot)'은 한때 한국 시장에도 로봇의 발전을 일깨우며 로봇 관련주의 주가를 밀어올리기도 했다.

그런 보스턴다이내믹스의 경영권을 2021년 현대차그룹이 인수했다. 정의선 회장은 보스턴다이내믹스 경영권 최초 인수때 지분 20%를 개인적으로 확보했다. 이후 유상증자를 거쳐

보스턴다이내믹스가 개발한 로봇 '스팟(Spot)'

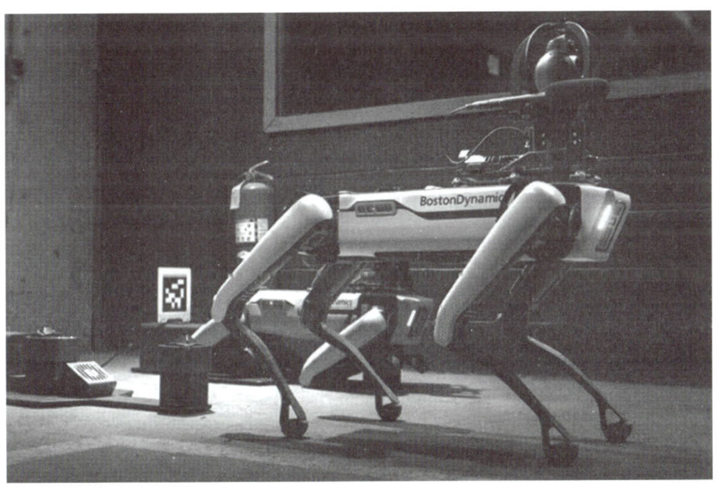

출처: 보스턴다이내믹스

현재는 지분율이 21.9%로 상승한 상태다. 향후 보스턴다이내믹스를 상장시키면 정의선 회장이 보유한 지분은 환금성이 생기는 동시에 가치를 재평가받을 수 있다. 이렇게 되면 정의선 회장은 이 지분을 매각해 현대모비스 지분 확대를 위한 현금을 조달할 수 있다. 정의선 회장이 보유한 현대모비스 지분은 0.33%뿐이다. 시장에서는 보스턴다이내믹스가 상장으로 최대 30조 원 안팎의 기업가치를 인정받을 수 있다는 분석이 나오고 있다. 이 경우 정의선 회장의 지분가치는 6조 5000억 원 안팎으로 뛰어오른다. 이 지분을 모두 매각할 경우 기아가 보유한 5조 원 안팎의 현대모비스 지분을 사들일 재원을 충분히 확보할 수 있어 결과적으로 순환출자 고리도 끊어낼 수 있다는 논리다.

지금까지 현대차그룹의 순환출자 구조 해소에 초점을 맞춰 살펴봤다. 분명히 순환출자 구조 해소는 현대차그룹 지배구조 개선과 이에 따른 기업가치 재평가를 위해 중요한 요소다. 하지만 보스턴다이내믹스 지분을 이용하든 다른 무엇을 이용하든 기아의 현대모비스에 대한 지배력을 끊어내는 것만으로 만족할 수 있을까. '만족하지 못한다'고 확실히 말할 수 있는 이유는 그 지배력을 끊어내더라도 현대모비스, 현대글로비스, 현대차, 기아 등 그룹 핵심이자 상장 계열사의 주주간 이해관계 불일치가 끊임없이 이어질 것이기 때문이다. 예를 들어보자. 현대모비스는 부품을, 현대글로비스는 물류 서비스를 완성차업체인 현대차와 기아에 각각 공급한다. 현대모비스와 현대글로비스가 주주이익을 극대화하려면 납품단가를 높여야 한다. 반면 현대차와 기아가 주주이익을 극대화하려면 원가를 절감해야 한다. 완성차업체 주주간 이해상충도 문제다. 시장 점유율 경쟁을 하는 완성차 업체 두 개가 하나의 그룹에 공존하면서 한 회사의 성장이 다른 회사의 이익을 잠식하는 결과를 낳는다.

그렇다면 근본적인 해결책은 뭘까. 이 4개 계열사를 합병하는 것이다. 합병한 뒤 지주사와 사업회사로만 분할한다. 당장은 거창한 발상인 듯하지만 잘 따져보자. 현대모비스의 AS 부품 사업은 2000년 영업양수 이전에는 원래 현대차와 기아에 있었고, 현대글로비스의 물류 사업은 현대차와 기아가 직접 할 수 있었던 것을 최대주주 일가가 가져갔다는 사실을 우리는 이미 알고 있다. 엘리엇이 2018년 현대차그룹에 제시했던 지배구조 개편안의 첫 번째 단계도 현대모비스와 현대차를 합병시키는 것이었다. 하지만 현대차그룹은 이런 근본적인 해결책을 실행하지 않는다. 이유는 분명하다. 4개 계열사를 합병할 경우 정의선 회장의 지분율이 현재보다 더 미미한 수준까

225　　　

지 하락하는 탓이다. 결국 소유와 지배를 분리해야 근본적인 해결이 가능하다. 최대주주 일가는 지주사 지분 일부만 소유하고 전문경영인이 확실한 보상체계 위에서 경영하는 모델로 나아가야 한다. '존재하되, 드러내지 않는다(Esse, Non Videri)', 100여개 기업을 보유하면서도 경영에는 참여하지 않는 스웨덴 발렌베리 가문의 신조를 기억하자.

——— 중국의 공세, 이대로는 막기 어렵다

현재 전 세계 전기차 패권 경쟁에서 가장 앞서고 있는 나라가 중국이라는 사실은 이제 꽤 유명해졌다. 시장조사 업체 SNE 리서치에 따르면 2025년 1월부터 10월까지 전 세계에서 판매된 전기차(하이브리드차 포함)는 약 1710만 대로 완성차 업체별로는 중국 비야디(BYD)가 332만 대를 판매해 1위 자리를 지켰다. 비야디는 헝가리와 튀르키예 등 유럽과 태국, 인도네시아, 캄보디아 등 동남아 지역에서 공장 신설과 증설로 관세와 보조금 변화에 탄력적으로 대응한 점과 상용차와 소형차로 제품 포트폴리오를 넓힌 점이 적중했다. 비야디에 이은 2위도 178만 대를 판매한 중국 지리그룹이었다. 소형차의 선전과 프리미엄 브랜드의 성장이 주효했다. 1위와 2위가 모두 중국 완성차 업체로, 주력 모델인 모델3과 모델Y의 판매량 감소로 3위에 머문 미국 테슬라(130만 대)를 앞섰다. 이 가운데 현대차그룹은 52만 대를 판매해 8위에 그쳤다.

중국이 전 세계 최대 전기차 시장으로 부상할 수 있었던 근본 이유는 기반을 잘 다져놨기 때문이다. 중국 전기차산업은 기본적으로 밸류체인이 탄탄하다. 상단(Up-stream)에 강봉리튬이나 화유코발트 같은 원자재 공급업체와 CATL 같은 배터리 공급업체가, 중단(Mid-stream)에는 비야디, 지리, 상하이GM 우링, 창안, 리오토, 체리 같은 완성차 제조업체가, 하단(Down-stream)에는 TELD나 스타차지 같은 충전업체가 각각 포진해 있다. 여기에 러시아와 독립국가연합(CIS), 중남미, 동남아, 중동 등 비(非)미국 시장을 장악한 전략이나 내연기관 퇴출 선언 같은 기존 문법에 구애받지 않는 혁신도 한몫했다. 중국 완성차 업체들은 이제 한국 시장도 과감히 넘보고 있는 실정이다.

전기차를 중심으로 하는 중국 완성차 업체들의 선전은 현대차그룹에 강한 위협이 되고 있다. 현대차그룹이 전기차 시장에서 그나마 뒤처지지 않을 수 있었던 이유는 북미시장에서의 선방 때문이었다. SNE리서치에 따르면 현대차그룹이 2025년 1월부터 10월까지 판매한 전기차 52만 대 중 30%에 가까운 14만 대가 북미시장에서 팔렸다. 북미시장만 보면 테슬라와 GM에 이어 3위였다. 그럼에도 중국 완성차 업체들의 공세가 거세지는 가운데 북미시장만 붙잡고 있는 현대차그룹이 언제까지 버틸 수 있을지 알 수 없는 일이다.

이제는 현대차그룹도 과감한 혁신과 자원의 집중적인 배치가 절실히 요구되는 때다. 하지만 현대모비스, 현대글로비스, 현대차, 기아 등 4개사로 쪼개져 있는 현재 구도에서는 가능성이 희박하다. 현대차그룹의 미국 투자와 신사업 발굴의 최전선에 있는 미국 지주사 HMG글로벌(HMG Global) 지분은 현대차(49.5%), 기아(30.5%), 현대모비스(20%) 등 3개사가 나눠 출자했으며, 앞서 언급한 미국 로봇업체 보스턴다이내믹스 지분 80%를 2021년 최초 취득할 때도 현대차(30%), 현대모비스(20%), 현대글로비스(10%) 등 3개사와 정의선 회장(20%)이 나눠 출자했다. 2025년 12월 송창현 사장이 사의를 표명한 점도 현대차그룹의 리더십에 일관성이 결여돼 있다는 점을 여실히 보여준다. 송창현 사장은 네이버 초대 최고기술책임자(CTO) 출신으로 포티투닷을 설립했고, 포티투닷이 2022년 현대차에 인수된 뒤에는 소프트웨어 중심 자동차(SDV) 사업부를 거쳐 2024년부터 첨단차플랫폼(AVP) 본부를 이끌었던 인물이다. 이런 현대차그룹의 상황을 고려하면 바로 뒤에 자세히 들여다볼 일본 토요타그룹의 후진적인 지배구조가 오히려 낫다고 여겨질 정도다.

중국에서는 수십개의 완성차 업체, 수십개의 로봇업체, 수십개의 자율주행업체, 수십개의 도심항공교통(UAM) 업체가 치열하게 경쟁하면서 글로벌 시장에서 영향력을 넓혀가고 있다. 그렇기에 이 모든 분야를 다 하고 있는 현대차그룹 혼자서 중국의 공세에 맞서기는 어렵다. 결국 현대차그룹은 소비자 시장에서는 포르쉐, 페라리, 삼성전자 갤럭시처럼 브랜드로 승부를 보는 한편, 적어도 주도적인 기술이 계속 바뀌는 로봇이나 자율주행 분야에서는 단독개발이 아닌 얼라이언스(alliance)를 적극적으로 받아들여야 할 것이다. 하지만 얼라이언스도 현재의 4개사 구도가 아닌 4개사를 합병해 하나의 덩어리가 됐을 때 훨씬 유리하다. 정의선 회장의 승계가 소의라면 중국과의 경쟁에서 이기는 것은 대의다.

**'세계 1위' 토요타,
지배구조 개편도 앞선다**

현대차그룹의 지배구조 개편 경과는 사정이 비슷한 일본 토요타그룹과 비교해도 한참 뒤처져 있다. 앞서 언급했듯 토요타그룹은 전 세계 완성차 판매량에서 압도적인 1위를 달리고 있다. 하지만 완벽한 것만 같던 토요타그룹도 약점이 있는데 바로 지배구조다. 토요타그룹의 지배구조는 현대차그룹처럼 고리형은 아니지만 토요타자동차와 토요타산업(Toyota Industries)을 축으로 덴소, 아이신, 토요타통상(Toyota Tsusho) 등 계열사가 다층적으로 주식을 상호보유하고 있는 '게이레츠(Keiretsu·系列)'형이다. 2025년 3월 말 기준으로 토요타자동차가 토요타산업 지분 22.7%를, 토요타산업이 토요타자동차 지분 7.5%를 각각 보유하고 있다.

잠시 일본의 게이레츠형 지배구조에 대해 짚고 넘어가자. 한국 대기업집단의 독특한 지배구조를 설명할 때 흔히 '재벌(Chaebol)'이라는 말을 쓴다. 하지만 이 단어와 개념은 2차 세계대전 이전의 일본 경제에서 유래됐다. 메이지유신 이후 산업화에 성공한 일본 경제에는 주요 기간산업과 방위산업, 금융업을 아우르는 거대 기업집단이 다수 출현했다. 이들 기업집단은 특정 가문에 의해 지배됐으며 수많은 계열사가 수직적 지배구조로 분포했다. 2차 세계대전 직전까지 일본 경제를 주도한 이런 거대 기업집단을 '자이바츠(Zaibatsu·財閥)', 다시 말해 '재벌'이라고 부른다.

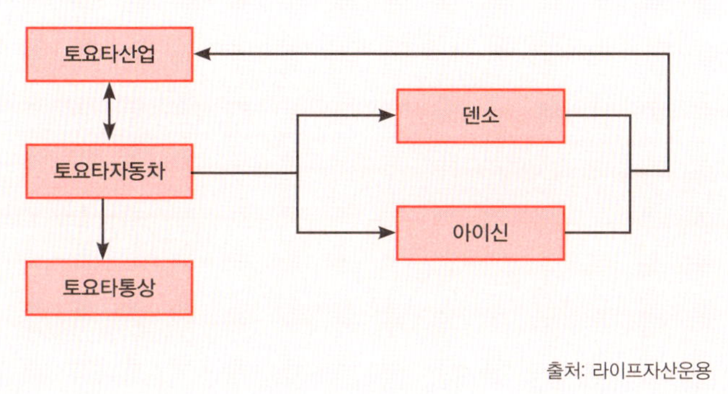

출처: 라이프자산운용

미쓰이, 쓰미토모, 미쓰비시, 야스다 등 에도시대부터 시작된 4대 자이바츠에서 후루카와, 닛산, 노무라, 가와사키 등 13대 신흥 자이바츠까지 이들 거대 기업집단은 2차 세계대전이 발발하자 정치, 군대와 연계해 전쟁에 직접적으로 개입하기에 이른다. 하지만 1945년 종전 이후 일본을 점령한 맥아더 장군의 미 군정은 아시아에서 공산주의의 확산을 막는다는 명목으로 일본의 재산업화를 추진했고 이 과정에서 서구식 자본주의를 도입하기 위해 자이바츠 가문의 재산을 몰수하고 이들을 해체시켰다. 그럼에도 주요 자이바츠는 기업간 상호협력을 바탕으로 끈질기게 살아남아 1950~1960년대 고성장기에 새로운 형태의 기업집단으로 진화했다. 기업집단을 지배하던 특정

가문은 사라졌지만 동일한 자이바츠의 테두리 안에 있던 기업들은 지분을 상호보유하면서 협력을 강화했으며 특히 금융업과 제조업을 결합해 일본이 세계 최고의 제조업 국가로 성장하는 기반이 됐다. 이런 전후 일본의 기업집단을 '게이레츠'라고 부른다.

토요타그룹은 1926년 설립한 토요타산업과 1937년 토요타산업에서 자동차 사업부를 분할해 설립한 토요타자동차가 모체다. 일반적인 게이레츠와 달리 은행을 계열사로 두고 있지는 않지만 지주사 없이 계열사간 주식을 상호보유하고 있어 게이레츠의 성격을 갖고 있다. 이런 토요타그룹이 2023년부터 대대적인 지배구조 개편을 시작했다. 토요타자동차는 2023년 합산 3200억 엔에 이르는 보유 주식을 장내매각했으며 이 과정에서 ANA홀딩스, 일본항공(JAL), JR동일본 등 비핵심 지분을 정리했다. 2024년에는 토요타자동차, 토요타산업, 덴소가 보유하고 있던 아이신 지분을 장내매각으로 축소했으며 아이신은 자기주식 매입으로 출회 지분을 일부 흡수했다. 이어 덴소가 보유하고 있던 토요타산업 지분 전량을 처분했다. 이들 기업은 사전 공시를 통해 상호보유 주식에 대한 감축정책을 투명하게 공개했다.

이어 토요타그룹은 2025년 6월 토요타부동산을 지주사로 전환하고 토요타산업과 다른 계열사간 상호출자를 해소하는 내용의 지배구조 개편 계획을 발표하기에 이른다. 요약하면 이렇다. 토요타부동산이 토요타산업 지분을 공개매수해 토요타산업을 비상장사로 전환한다. 동시에 토요타자동차, 덴소, 아이신, 토요타통상 등 4개 계열사는 각각 보유하고 있던 토요타산업 지분 전량을 매각한다. 토요타산업이 보유하고 있던 이들 4개 계열사 지분은 각 계열사가 자기주식으로 취득한다. 이로써 토요타산업은 토요타부동산의 자회사가 되는 동시에

2025년 6월 밝힌 토요타그룹의 지배구조 개편 계획

TOYOTA

Company   Newsroom   Mobility   Sustainability

Jun. 03, 2025

Toyota Group to Accelerate Collaboration Towards Transforming into a Mobility Company Through Privatization of Toyota Industries Corporation

News Release, Management

Print

Toyota Industries Corporation
Toyota Fudosan Co., Ltd.
Toyota Motor Corporation

출처: 토요타그룹 뉴스룸

토요타산업과 이들 4개 계열사간 상호출자가 해소된다. 다만 토요타자동차는 토요타산업이 발행하는 7000억 엔 규모 의 결권 없는 우선주를 인수하는 방식으로 사업협업은 유지한다. 토요다 아키오 토요타그룹 회장은 지배구조 개편을 위한 주식 매매거래의 계약금 형식으로 10억 엔의 사재 투자를 약속하기도 했다.

토요타그룹이 발표한 지배구조 개편 절차는 법적 요건을 모두 충족한 이후 본격적으로 개시될 예정이다. 2018년 이후 7년 넘게 꿈쩍도 하지 않는 현대차그룹과는 확연히 구분되는 행보다. 완성차 판매량에서 토요타그룹에 밀리고 있는 현대차그룹은 지배구조에서도 밀리기 직전이다. 현대차그룹이 지금처럼 지배구조 개편을 위한 움직임에 나서지 않을 경우 향후 두 그룹의 가치를 시장이 어떻게 판단할지 지켜봐야겠다.

16장

금융지주회사

주인이 없는 회사가 아니라 국민이 주인인 회사

'깜깜이', '밀실'의 대명사가 된 금융지주사 회장 선임

2026년 3월은 주요 금융지주사에 중요한 날이다. 회장 임기가 일제히 만료되기 때문이다. 이에 신한금융, 우리금융, BNK 금융 등 대형 금융지주사는 새로운 리더를 맞이하게 된다. 그 어느 때보다 시장의 관심이 높은 이번 회장 선임 절차는 단순한 인사 절차가 아니다. 코스피가 5000을 향해 나아가는 과정에서 거버넌스 개선 수준을 가늠할 수 있는 시험대가 될 것이기 때문이다.

이 책에서 계속해서 다뤘듯, 상장사의 경영진은 주주의 대리인(Agent)이다. 주주의 이익을 높이는 것이 경영진의 가장 중요한 책무이며, 이 책무를 가장 잘 수행해 낼 수 있는 인물을 리더로 선임해야 한다는 점은 자본주의의 기본 원칙이다. 하지만 안타깝게도 한국의 대부분 기업에서는 소유와 지배의 불일치가 지속되고 있다. 창업주 가문이 적은 지분으로도 경영권을 독점하면서 소액주주의 의견이 직접적으로 반영되기 어렵다. 장기적인 비전을 실현한다는 명목으로 창업주나 그 자녀가 경영권을 유지하는 것도 당연하게 받아들여지고 있다.

하지만 금융지주사는 성격이 다르다. 한국의 주요 금융지주사는 특정한 지배주주가 없다. 국민연금을 포함해 다수의 국가기관과 국민이 주주로 참여하는 공공적인 성격의 상장사다. 2025년 6월 말 기준으로 은행업을 중심으로 하는 8대 금융지주의 주주 구성을 보자. 비상장사이자 농업협동조합중앙회가 지분 100%를 보유한 농협금융을 제외하고, KB금융, 신한금융, 하나금융의 최대주주는 국민연금이며 우리금융의 최대주주는 우리사주조합이다. 최대주주 지분율은 모두 10%가 채 안된다. iM금융(전 DGB금융)의 최대주주는 오케이저축은행이지만 지분율이 10% 미만이다. BNK금융 최대주주인 롯데그룹의 지분율은 11%, JB금융 최대주주인 삼양사의 지분율은

14%에 그친다. 그만큼 지배력이 분산돼 있다는 의미다. **특정한 지배주주가 없다는 말은 단순히 주인이 없는 회사라는 의미가 아니다. 국민이 주인인 회사라는 의미다.** 주요 금융지주사의 이번 회장 선임 절차를 한국 주식시장의 거버넌스 개선 수준을 가늠할 수 있는 시험대로 보는 이유다.

금융지주회사의 주인이 국민이라고 말할 수 있는 배경에는 1990년대 IMF 사태가 있다. 금융기관 부실화 과정에서 대부분의 은행이 정부 구제금융을 받았고, 이후 합종연횡(이해관계에 따라 여러 세력이 뭉치고 흩어지는 현상) 과정에서 오늘날의 지배구조가 확립되었다. 한국 은행들은 한국 정부와 동일한 신용등급을 가지는 경우가 많은데, 그만큼 정부가 은행들의 신용을 보강해 왔기 때문이다. 개인 창업자나 그 가문을 중심으로 한 다른 상장기업들과 달리, 한국 금융지주회사는 이렇게 국민의 세금을 바탕으로 만들어진 회사들이다.

따라서 금융지주사의 회장이란 국민의 부를 키워줄 사람이어야 한다. 그렇기에 회장 자리의 중요성은 수없이 강조해도 지나치지 않다. 회장 선출 과정이 공정하고 투명해야 하는 이유도 이 때문이다. 그럼에도 그동안의 현실은 다소 아쉬웠다. 형식적으로는 이사회 내부에 사외이사들로 구성된 회장 후보 추천위원회를 설치한 후 이 회추위가 다수 후보를 심사

237　　

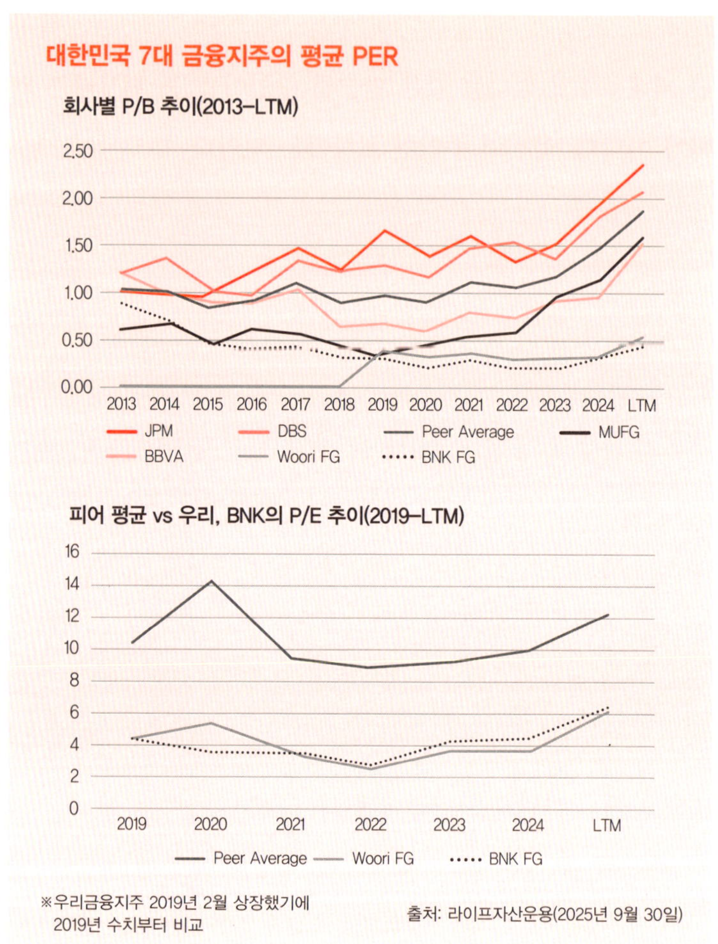

하고 최종 후보를 확정해 주주총회에 안건으로 올리는 절차를 따랐다. 하지만 이 과정은 전체 주주에게 거의 공개되지 않았다. 주주들은 어떤 후보가 누구로부터 추천받았는지, 어떤 기준으로 평가받았는지, 어떤 이유로 최종 후보에 선정됐는지 알기 어려웠다. 주주의 알 권리를 충분히 보장받지 못한 것이다. 앞서 언급했던 개정 상법을 떠올려보자. 이사의 충실의무는 주주를 향해야 한다. 하지만 그동안의 회장 선임 절차는 이 정신에 부합하지 않았다.

주주를 대변할 리더십을 세우지 못한 대가는 컸다. 이 책에서 꾸준히 언급했듯 한국 기업에 대한 저평가는 고질적이지만, 그중에서도 한국 금융회사에 대한 저평가는 심각한 수준이다. 2025년 9월 기준으로 비상장사인 농협금융을 제외한 7대 금융지주의 평균 PBR은 0.56배에 그친다. 이마저도 최근 수년간 주주환원율을 제고하면서 만년 0.3~0.4배에 갇혔던 박스권에서 탈출한 결과다. 그럼에도 해외 비교대상(Peer Group) 18곳 금융지주의 평균 PBR 1.4배에는 크게 못 미친다.

저평가의 원인은 분명하다. 한국 은행의 수익성이 낮기 때문이다. 다음 장에서 대표적인 수익성 지표인 NIM(순이자마진)을 보지. NIM은 이자수익에서 이자비용을 뺀 값을 이자수익 자산으로 나눈 비율이다. 코로나19 당시 대세로 자리잡았던 초저금리 시대가 저무면서 2021년을 기점으로 해외 은행들의 NIM은 가파르게 상승했다. 수익성이 높아졌다는 의미다. 하지만 한국 은행들은 제자리걸음하거나 오히려 하락했다.

전 세계적으로 기준금리가 상승하는 유사한 상황에서 이렇게 상반된 결과가 나온 이유가 뭘까. 먼저 각국 은행 모두 대출금리를 올렸다. 기본적으로 마진이 개선되려면 대출금리가 올라야 한다. 하지만 수익성이 갈린 이유는 예금금리의 차이 때문이다. 해외 은행들은 코로나19 이전에도 이후에도 예금금리를 1% 안팎으로 유지했다. 기준금리가 상승하는 상황에도 예금금리를 올리지 않은 것이다. 반면 한국 은행들은 기준금리가 오르는 만큼 거의 실시간으로 예금금리를 올렸다.

한국 은행들의 예금 듀레이션은 1년~1년 6개월 정도다. 단기예금이 많다는 뜻이다. 듀레이션이 짧은 만큼 기준금리 변화가 예금금리에 더 빨리 반영된다. 이 때문에 코로나19 직후처럼 금리가 단기간에 가파르게 상승하는 시기에는 예금금리가 대출금리보다 더 빨리 상승해 결국 마진이 훼손된다. 그랬다가 금리 정체기에 예금금리 상승 속도가 조절되면서 마진이 안정화되는 것이다.

그런데 해외 은행들은 왜 예금금리를 올리지 않을까. 여기서 한국 은행과 해외 은행의 중요한 차이를 만드는 것이 바로 거버넌스다. 먼저 해외 은행 CEO의 KPI(핵심성과지표)는 규모가 아닌 이익이다. 수익을 담보하지 않는 자산을 늘리는 데 관심이 없다. 그렇기에 굳이 대출을 무리하게 내보내지 않는다.

미국 정책금리 추이와 회사별 연간 NIM 추이

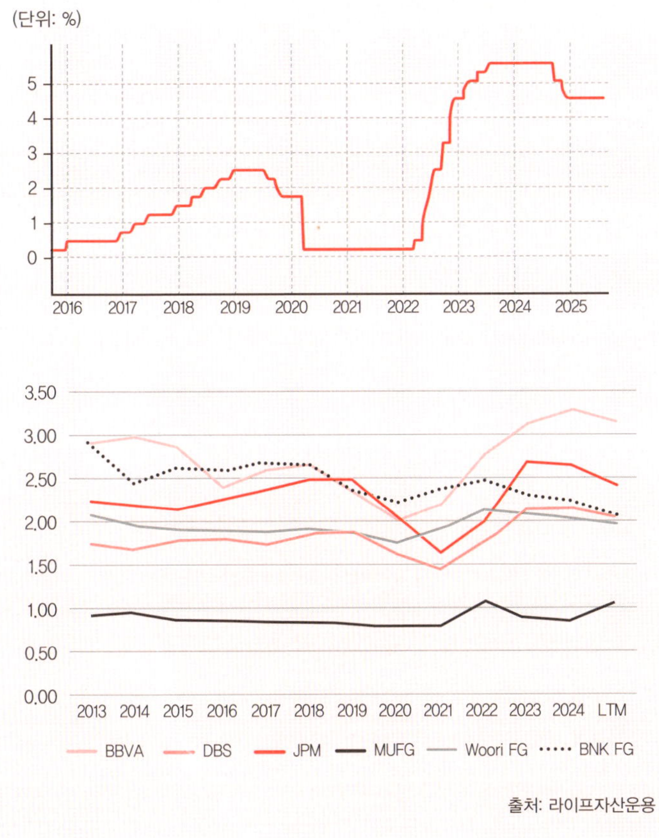

출처: 라이프자산운용

이 때문에 예금을 받는 데도 관심이 없어진다. 대신 이익을 늘리는 데 집중하면서 ROE(자기자본이익률)가 높아진다. 이는 기업가치 상승으로도 연결된다.

　반면 우리나라 은행 CEO의 KPI는 이익이 아닌 규모다. 모든 은행이 외형 성장을 경쟁하고 있으니 예금금리에 민감할 수밖에 없다. 실제로 한국 은행들은 레버리지비율이 해외 은행들에 비해 높게 나타난다. 레버리지비율은 총자산을 자기자본으로 나눈 값이다. 예금을 많이 받을수록 은행의 부채가 증가하므로 분자인 총자산(자본+부채)이 갈수록 증가해 레버리지비율이 상승하게 된다.

　한국 은행들이 과도하게 예금을 받고 있는 것이다. 예금을 많이 받으면 이 돈을 굴려야 하므로 대출을 많이 내줘야 한다. 한국 은행들은 기업대출의 비중이 높으며 기업대출에는 부동산 개발사업에 대한 대출인 프로젝트파이낸싱(PF) 같은 고위험 대출도 포함된다. 결국 자산건전성이 낮아지고 그만큼 충당금도 더 쌓게 된다. 그렇기에 한국 은행에게는 이렇게 수익성을 고려하지 않은 사업구조를 바꿀 '정상적인' 경영진이 절실히 필요하다.

　그럼에도 그동안 금융지주사의 회장 선임 과정은 숱한 논란을 낳았다. 2019년 12월 신한금융 임추위는 조용병 회장을 차기 회장 후보로 추천했다. 조용병 회장이 신한은행 채용비리 사건에 대한 1심 선고를 불과 한 달 앞둔 때였다. 회추위는 "법률 리스크를 고려했다"고 설명했지만 후보 평가에서의 세부 기준이나 배점, 면접 결과는 비공개에 부쳤다. 국민연금과 세계 최대 의결권 자문사 ISS가 법률 리스크를 들어 조용병 회장의 연임에 반대했지만 2020년 3월 정기주주총회에서 재일교포와 우리사주 등 우호지분의 찬성을 등에 업고 연임에 성공했다. 조용병 회장은 2년이 넘게 지난 2022년 6월에서야 대법원에서 무죄가 확정됐다.

조용병 회장의 뒤를 이은 진옥동 회장 선임 때도 논란은 있었다. 진옥동 회장은 신한은행장이었던 2021년 4월, 라임자산운용 사모펀드 환매 중단 사태와 관련해 금융감독원으로부터 중징계인 '문책경고'를 받는 등 당시에 많은 고초를 겪었다. 이로 인해 2022년 12월 개최된 임추위 과정에서도 불필요한 논란을 감수해야만 했다. 우수한 경영성과가 주변 이슈들로 훼손될 수밖에 없었던 것이다. 이로 인해 국민연금은 '기업가치 훼손과 감시의무 소홀'을 이유로 반대했지만 ISS가 '리스크 관리 개선과 내부통제 시스템 강화'를 이유로 찬성을 권고했고 진옥동 회장은 2023년 3월 정기주주총회에서 취임에 성공했다.

2023년 3월, 우리금융의 임종룡 회장 선임도 논란이 됐다. 앞서 1월 우리금융 임추위는 차기 회장 후보군 롱리스트를 선정했는데 여기에 임종룡 회장이 포함됐다. 중요한 점은 우리금융이 2021년 11월 완전 민영화됐다는 점이다. 완전 민영화된 지 불과 14개월 만에 장관급 금융위원장을 지낸 임종룡 회장이 유력한 차기 회장으로 떠오르면서 '관치' 논란이 거세게 일었다. 국민연금과 ISS가 찬성을 결정하면서 임종룡 회장은 취임에 성공했다. 하지만 이복현 금융감독원장이 "우리금융 회장 선출 과정이 적절한지 의문"이라는 취지의 발언을 할 만큼 후보 평가에서의 불투명성은 여전히 문제가 됐다.

이제까지의 금융지주회사 경영진 선임과정을 관통하는 가장 큰 문제는 주주의 대리인인 경영진을 선임하는 과정에서 주주가 배제된다는 것이다. 경영진이 경영을 잘해 기업가치가 올라가는 혜택을 가장 크게 보는 것은 주주고, 반대로 기업가치가 악화될 때 가장 큰 손해를 보는 것도 주주다. 하지만, 금융지주회사들이 대주주가 없고 지분이 분산돼 있다는 이유로 최대 이해관계자인 주주들은 배제되고, 정치적 입김이나 내부 인사들간의 짬짜미, 감독당국의 개입 등 주주 이해관계와는 일치되지 않는 힘에 의해 경영진이 결정되는 일들이 비일비재했다. 코스피 5000 시대와는 어울리지 않는 일이다.

거버넌스 개선 시험대, 회추위가 바라봐야 할 '주주'

금융감독원이 2023년 12월 '은행지주와 은행의 지배구조에 관한 모범관행'을 내놓은 것도 CEO(회장) 선임과 경영승계절차에서의 공정성과 투명성을 높이기 위해서다. 그동안 형식적인 승계계획은 마련돼 있었지만 후보 관리부터 최종 선정까지 전반을 아우르는 종합적인 승계계획은 부재했다는 것이 금융감독원의 판단이다. 또 승계절차 개시시점, 평가기준, 후보군 압축방식 등 중요사항을 문서화하지 않고 있어 선임과정이 불투명하다고 봤다. 지배구조 모범관행은 바람직한 지배구조에 관한 30개 핵심원칙을 제시하고 있으며 이 중 회장 선임 절차와 관련된 'CEO 선임 및 경영승계절차'에 관해서는 10개의 핵심원칙을 제시하고 있다. 이 핵심원칙에 따르면 상시후보군 선정 및 관리, CEO 자격요건, 승계절차 개시 이후 단계별 절차, 비상승계계획 등 경영승계에 관한 중요사항을 문서화해야 한다. 또 후보자에 대한 공정하고 면밀한 평가를 위해 경영승계절차를 조기 개시하고 후보군에 대한 평가와 검증 방식을 다양화해야 한다.

금융감독원이 내놓은 모범관행은 지배구조 선진화를 앞당

CEO 선임 및 경영승계절차 관련 모범관행(10개 핵심원칙)

- CEO 후보군 관리·육성부터 최종 선정까지를 포괄하는 종합적이고 체계적인 승계계획을 마련하고 이를 문서화
- 비상승계의 경우에 대비하여 경영 공백이 발생하지 않도록 실행가능한 구체적인 비상승계계획을 마련
- 이사회는 연 1회 이상 승계계획의 적정성을 점검하고 문제점을 보완·수정하는 등 승계계획을 실효성 있게 관리
- 은행의 중장기 경영전략 및 비전에 적합한 CEO의 자격요건을 구체적으로 정의하고 정기적으로 점검·보완
- 승계절차가 촉박하게 진행되거나 형식적으로 운영되지 않도록 경영승계절차를 조기에 개시
- 면밀한 평가·검증 및 CEO 선임 과정에서의 공정성을 확보하기 위해 후보군에 대한 평가주체 및 평가방식을 다양화
- 외부후보군을 포함할 경우 자격요건, 추천 경로 및 절차 등을 명확히 하고 체계적인 검증절차를 마련하며 평가 방법이나 시기가 외부후보에게 불공평하지 않아야 함
- 경영승계절차의 투명성을 확보하기 위해 단계별 평가 결과에 관한 기록을 유지·관리하여야 하며, 이에 관한 내용을 내규에 명시하고 이를 공시하도록 함
- 상시후보군 관리는 미리 마련된 CEO 자격요건과 연계하여 운영하고 실효성 있는 육성 프로그램을 운영
- 지주가 자회사인 은행장 선임에 관여할 경우에도 법상 기구인 은행 임원추천위원회의 역할을 충분히 보장

출처: 금융감독원(2023년 12월)

기는 데 분명히 일조했다. 예를 들면 지배구조 모범관행 도입 이후 모든 금융지주사와 은행이 CEO 임기만료 최소 3개월 전부터 경영승계 절차를 개시하도록 내규 등을 개정했다. iM금

융은 6개월 전, 우리금융과 JB금융은 4개월 전에 승계절차를 개시하도록 명문화했다. 또 일부 금융지주사와 은행은 승계절차 중 단계별 최소 검토기간을 정해 절차적 공정성을 강화했다. KB금융이 숏리스트에서 최종 선정까지 소요기간을 최소 1개월로 규정하거나, 하나금융과 BNK금융이 단계별 소요기간을 최소 2주로 규정한 경우가 대표적이다.

그럼에도 갈 길은 멀기만 하다. 2026년 3월 회장 선임을 앞둔 BNK금융은 경영승계 절차를 개시하자마자 잡음이 흘러나왔다. BNK금융은 2025년 10월 추석 연휴 직전 임원후보추천위원회를 구성하고 상시 후보군을 대상으로 지원서 접수를 시작했다. 하지만 접수 마감일까지 연휴를 제외한 영업일로 따지면 4일에 불과했던 데다 임추위가 구성되고 한참이 지나 보도자료를 통해 경영승계절차 개시를 뒤늦게 알리면서 공정성과 투명성이 문제가 됐다. BNK금융은 "절차상 문제가 없다"라는 입장을 내놨지만 이찬진 금융감독원장이 국회 정무위원회 국정감사에서 BNK금융이 회장 선임 절차에 대해 "특이한 면이 많이 보여서 계속 챙겨보고 있다"는 취지로 발언하면서 논란은 더욱 부각됐다.

기존 경영진 유임 외에는 선택지가 없는 임추위 진행과정을 지켜보면서 몇 가지 우려가 들었다. 첫 번째, 임추위 진행의 투명성과 정당성에 대한 논란이 제기되는 가운데 차기 경영진이 이익 중심의 경영을 할 수 있는 권위를 확보할 수 있을 것인가, 그리고 상장 금융지주 중에서 가장 저조한 경영성과를 기록했던 전임 경영진이 이러한 절차를 통해서 연임할 경우 기업가치 개선이라는 주주의 소망을 수행할 수 있을 것인가, 그리고 마지막으로 절차와 기준을 주주에게 전혀 공유하지 않고 주식 한 주도 없는 임추위 위원들이 이런 식으로 상장회사 경영진을 결정하는 행태가 다시 한 번 반복되는 것이 코스피 5000 시대를 맞이하는 한국 자본시장에서 허용될 수 있는 일인가에 대한 우려였다.

달라진 시대에 더 이상 낙후된 지배구조와 잘못된 관행이 반복되어선 안 된다는 생각으로 라이프자산운용은 임추위 진행과정 중단을 요구하는 초유의 공개 주주서한을 보낼 수밖에 없었다. 우리의 요구는 연임을 위한 요식행위가 아니라, 기업가치 제고라는 명령을 부여받는 역량 있는 경영진을 주주와의 소통 속에 선정해야 한다는 지극히 당연한 것이었다. BNK금융이 라이프자산운용의 요구를 수용해 주주 추천 사외이사 제도를 도입하고 임원후보추천위원회를 사외이사 전원으로 구성하기로 한 것은 다행스러운 점이다. 코스피 2000, 4000까지는 참 쉽게 갔지만 이런 당연한 요구를 관철시키는 것은 아직도 참 어려운 일이다.

금융지주회사처럼 개인 대주주가 없고, 공적인 지배구조의 형태를 가진 상장기업의 경영진 선임 과정에 이제는 보다 투명하고 공정한 절차가 필요하다. 임추위는 '기업가치 극대화'라는 명확한 기준 아래 후보를 검증하고, 그 과정과 판단 근거를 주주에게 성실히 설명해야 한다. 사외이사들은 시장이 요구하는 수준의 정보 공개와 절차적 투명성을 책임감 있게 이행해야 하며, 주주가 안심하고 리더에게 회사를 맡길 수 있도록 충분한 근거를 제시해야 한다.

훌륭한 리더를 선임하는 것 못지않게, 그에게 명확한 목표와 합리적인 보상체계를 제시하는 것이 중요하다. JP모건의 제이미 다이먼 회장은 오너가 아님에도 경영성과를 바탕으로 장기집권하며 월가의 황제로 불리며 회사를 성장시켰다. 그의 성공에는 주가와 연동된 강력한 스톡옵션 제도와 ROE에 기반한 성과 보상이 있었다. **경영자의 보상체계를 주주의 이익과 일치시키는 구조가 기업 성장을 이끈 것이다.**

다이먼 회장에 대한 보상구조를 좀 더 뜯어보자. 세부적으로는 단기적인 정기 보상에다 장기적인 특별 옵션을 병행되는 구조다. 먼저 매년 지급되는 정기 보상을 보면, 2024년의 경우 다이먼 회장에 기본급으로 150만 달러(약 20억 원)를

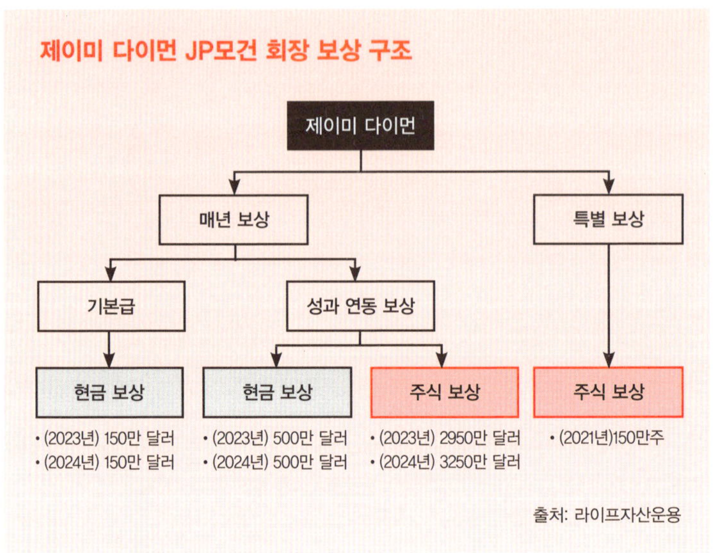

지급한 반면 성과 연동 보상(Performance-based variable income)으로 3750만 달러(약 540억 원)를 지급했다. 성과 연동 보상 중 500만 달러만 현금으로 지급했으며 나머지 3250만 달러는 주식(PSU, Performance Share Units)으로 지급했다. 매년 ROE, ROTCE(유형자기자본이익률), TSR(총주주수익률) 등 성과 지표가 설정되고, 이사회가 이들 지표의 달성도를 검토해 다이먼 회장에게 보상을 지급하는 구조다. 여기에 더해 특별 장기 옵션이 주어진다. 정기 보상과 달리 자동으로 반복되지 않는 일회성 보상이다. 2021년 7월 JP모건 이사회는 다이먼 회장에 대해 150만 주의 스톡옵션을 특별결의로 승인했다. 2021년에 부여됐지만 행사는 5년 뒤인 2026년 7월부터 가능하도록 했으며 더욱이 행사로 취득한 주식은 또 5년 뒤인 2031년 7월까지 의무적으로 보유하도록 했다. 결국 다이먼 회장이 JP모건에 오래 머무를수록 장기적으로 보상 효과를 누리게 되는 구조다. 이는 리더십을 안정적으로 지속하기 위한 스톡옵션 설계다.

대부분 한국 금융지주사가 성과급 지급에서 현금 보상과 주식 보상을 병행하고 있긴 하다. 이 중 KB금융과 신한금융이 그나마 주식 보상 비중이 비교적 높다고 평가받는다. 그럼에도 여전히 미국 금융사들에 비해서는 미미한 수준이다. 이 책에서 앞서 언급했듯 김용범 메리츠금융지주 부회장이 2015년 부여받은 스톡옵션을 약 10년 만인 2024년 행사하면서 행사이익으로 814억 원을 손에 쥔 사실을 기억하자. 한국 금융지주사가 못할 일이 아니다.

하지만 은행원들의 평균 연봉이 1억 원은 우스울 만큼 높다며 연일 언론을 통해 보도되고 있지 않은가. 은행의 비용효율성을 나타내는 대표적인 지표인 CIR(영업이익경비율)을 보자. 판매비와 관리비(판관비)를 영업이익으로 나눈 값이다. 한국 은행들은 CIR이 유독 낮다. 은행원들의 연봉이 높다는데 정작

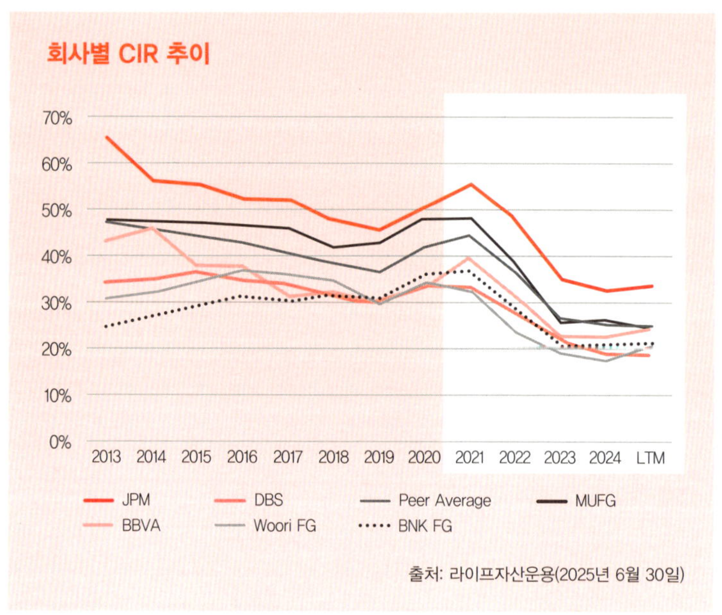

CIR은 낮게 나오는 이유는 뭘까. 신입사원을 예전만큼 많이 채용하지 않는 가운데 기존 직원들의 평균 연령이 올라가면서 '그 정도'는 줘야 하기 때문이다. 만약 신입사원을 계속 채용하지 않는 가운데 기존 직원들이 순차적으로 퇴임하면 CIR은 계속 하락해 결국 한국 은행들은 전 세계적으로도 압도적으로 비용 효율이 높아질 것이다. CIR을 언급한 이유는 경영진이 받아가는 연봉도 그만큼 적다는 걸 얘기하기 위해서다. 김용범 메리츠금융지주 부회장의 사례처럼 증권사와 보험사는 우수한 인력을 유치하기 위해 그만한 보상을 제시하고 있다. **연봉 1억 원이 너무 높다고 손가락질할 게 아니라 은행과 금융지주사도 현금 보상과 주식 보상을 확대해 능력 있는 인력을 적극적으로 유치해야 한다.**

금융지주 회장 선임은 과거의 관행을 개선할 수 있는 중요한 기회다. 임추위가 주주의 관점에서 투명한 절차를 마련하고, 최고의 전문가를 공정하게 선임해 기업가치 향상으로 그 성과를 증명해야 한다. 밀실이 아닌 열린 공간에서, 모든 주주가 함께 지켜보는 '투명한 축제'의 장에서, 한국 금융의 미래를 이끌 리더가 탄생한다. 금융지주가 진정한 상장사로서 주주 중심의 경영을 실현하는 순간, 한국 자본시장을 둘러싼 구조적 디스카운트는 자연스럽게 해소될 것이다.

KCC
자산가치의 가격 반영은 언제쯤 가능할까

3.3조 KCC가 손에 쥔 3.3조 삼성물산 지분

'3500억 원.' KCC가 2024년 한 해 동안 낸 이자다. 이자를 많이 내도 충분한 이익을 벌어들이고 있다면 별 문제가 없다. 하지만 같은 기간 KCC의 영업이익은 4700억 원이었다. 기업의 이자지급여력을 따지는 대표적인 지표로 이자보상배율이 있다. 영업이익을 이자비용으로 나눈 값으로 기업이 벌어들인 이익이 이자보다 얼마나 많은지를 보여준다. 이자보상배율이 낮을수록 이자지급여력이 부족하며 만약 1배보다도 낮으면

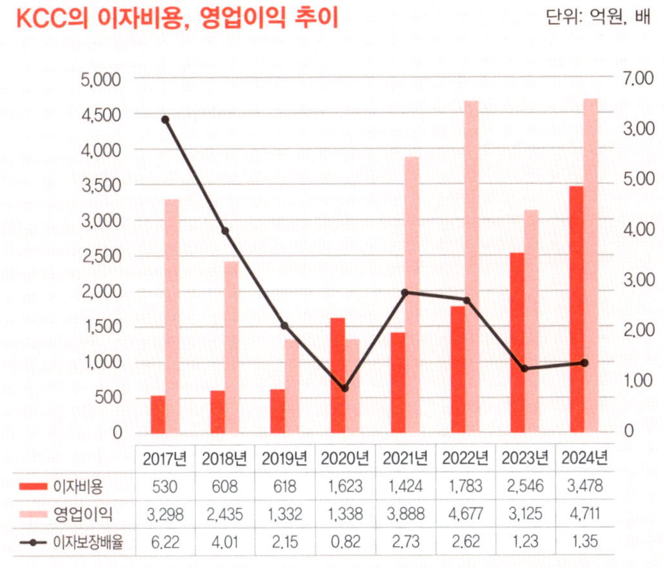

	2017년	2018년	2019년	2020년	2021년	2022년	2023년	2024년
이자비용	530	608	618	1,623	1,424	1,783	2,546	3,478
영업이익	3,298	2,435	1,332	1,338	3,888	4,677	3,125	4,711
이자보장배율	6.22	4.01	2.15	0.82	2.73	2.62	1.23	1.35

이익으로 이자조차 갚지 못한다는 뜻이다. KCC의 이자보상배율은 2017년 6배, 2018년까지만 해도 4배를 각각 넘었다. 하지만 2019년이 전환점이 됐다. 이때부터 급격히 낮아져 2023년과 2024년에는 마지노선인 1배를 겨우 턱걸이로 웃돌았다.

이자를 발생시키는 것은 차입이다. KCC가 짊어지고 있는 차입 부담은 어느 정도일까. KCC의 2024년 말 총차입금(리스부채 포함)은 5조 3000억 원이 넘는다. 전체 자산의 40%가 차입금으로 이뤄졌을 정도다. 앞서 KCC 재무상태의 전환점으로 지목된 2019년의 직전인 2018년 말보다 3배 가까이로 늘었다. 실질적인 차입 부담을 확인하기 위해 총차입금에서 현금성자산을 제외한 순차입금으로 따져도 4조 3000억 원이 넘어 무려 6배 가까이로 늘었다. 도대체 2019년에 무슨 일이 있었던 걸까.

대부분 사람들은 KCC를 생각할 때 창호, 석고보드, 단열재 같은 건자재나 '숲으로' 브랜드로 알려진 페인트를 떠올릴 것이다. 하지만 2024년 KCC 매출액의 절반 가까이를 차지한 것은 건자재도 페인트도 아니었다. 바로 실리콘이었다. 이 실리콘을 제조하는 미국 모멘티브 퍼포먼스 머티리얼스(Momentive Performance Materials)를 인수한 해가 2019년이다. 모멘티브 인수 이전에 KCC가 실리콘 사업을 하지 않은 것은 아니다. 2003년 실리콘 원료인 모노머 공장을 설립하면서 실리콘 사업(현 KCC실리콘)을 가동했고 2011년에는 영국 실리콘 제조사 바실돈(Basildon)을 인수하기도 했다. 하지만 모멘티브는 미국의 다우(Dow), 독일의 바커(Wacker), 노르웨이의 엘켐(Elkem), 일본의 신에츠(Shin-Etsu)와 함께 글로벌 실리콘 시장을 과점하는 5개 메이저 기업 중 하나였다.

앞서 다양한 지표로 알 수 있듯 애초에 KCC는 차입 부담

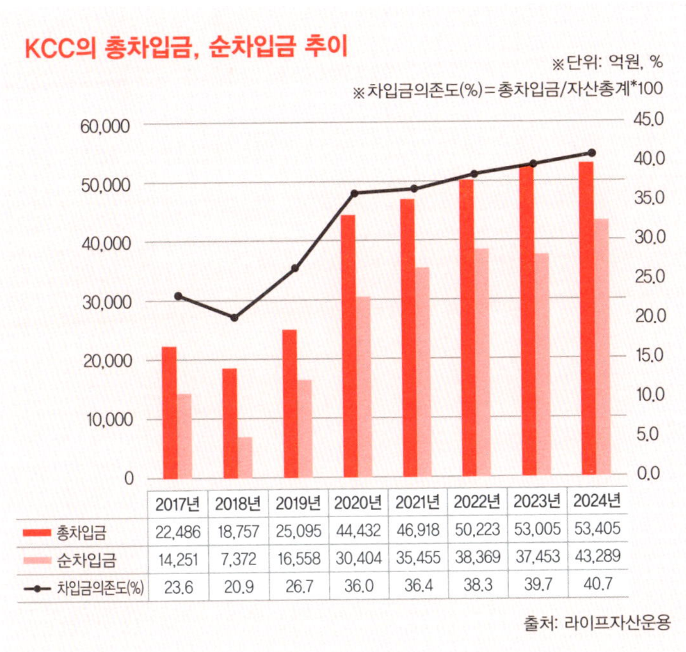

	2017년	2018년	2019년	2020년	2021년	2022년	2023년	2024년
총차입금	22,486	18,757	25,095	44,432	46,918	50,223	53,005	53,405
순차입금	14,251	7,372	16,558	30,404	35,455	38,369	37,453	43,289
차입금의존도(%)	23.6	20.9	26.7	36.0	36.4	38.3	39.7	40.7

이 큰 회사가 아니었다. 하지만 모멘티브 지분 인수가 차입 부담을 급격히 늘리는 결정적인 계기가 됐다. 바로 대규모 인수금융을 일으키면서부터다. 2025년 6월 말 기준으로 KCC가 안고 있는 모멘티브 관련 인수금융은 2조 500억 원 정도다. 총차입금의 40% 정도가 인수금융인 셈이다. KCC는 모멘티브 지분을 사모펀드(PEF) 운용사 SJL파트너스와 공동으로 인수했다. KCC는 보통주 형태로 60%를, SJL파트너스는 의결

권부 전환우선주(CPS) 형태로 잔여지분 40%를 가졌다. 이때 KCC 몫의 지분 인수를 위해 일으킨 게 인수금융이다. 이어 2024년 SJL파트너스가 갖고 있던 잔여지분 40%까지 사들이면서 4060억 원을 추가로 소요했다. KCC는 이 금액을 대부분 차입으로 충당하면서 기존에 안고 있던 인수금융과 함께 차입 부담을 늘리는 또다른 계기가 됐다.

문제는 KCC의 과중한 차입 부담과 이에 따른 높은 이자 부담이 주식시장에서 KCC에 대한 극심한 저평가로 이어졌다는 점이다. 2019년 모멘티브 인수 이후 5년(2020~204년)간 PBR(주가순자산비율)이 1배는커녕 0.5배를 넘은 적이 한 번도 없다. 대부분 0.3배 안팎을 왔다갔다 했다. 2025년 10월 KCC 시가총액은 3조 5000억 원 정도다. KCC 기업가치가 얼마나 저평가받고 있는지 단적으로 보여주는 사례가 있다. KCC는 삼성물산 지분 1700만 주를 갖고 있다. 2025년 10월 삼성물산 주가는 21만 원 안팎을 왔다갔다 했다. 그러므로 KCC가 보유한 삼성물산 지분가치는 3조 5700억 원이라는 계산이 나온다. 보유하고 있는 주식가치보다도 기업가치를 인정받지 못하고 있는 것이다.

그런데 KCC는 삼성물산 말고도 보유하고 있는 지분이 많다. HD한국조선해양 지분 276만 주를 갖고 있으며 이 지분가

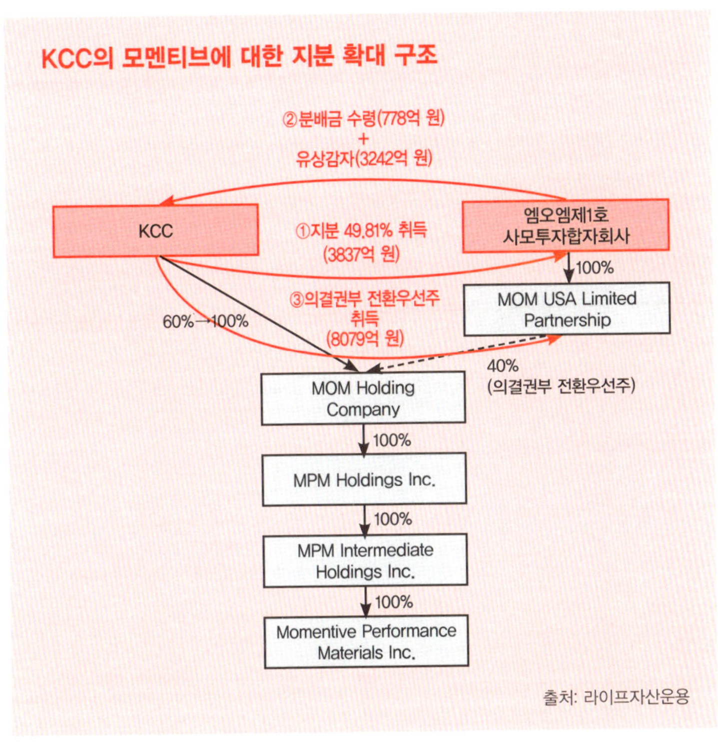

치도 1조 1600억 원이나 된다. 이외에도 현대코퍼레이션 158만 주(350억 원), HDC현대산업개발 156만 주(310억 원), HDC 106만 주(181억 원), HL홀딩스 43만 주(177억 원) 등 지분을 보유하고 있다. 지금까지 언급한 삼성물산부터 HL홀딩스까지 지분가치만 합해도 4조 8000억 원이나 된다.

이쯤 되면 KCC가 이렇게나 많은 지분을 손에 꼭 쥐고 있는 이유가 궁금해진다. 그 이유는 KCC 최대주주 일가와 관련이 깊다. KCC 최대주주는 지분 20%를 보유한 정몽진 회장으로 KCC 창업주인 정상영 초대회장의 장남이다. 정상영 초대회장은 현대그룹 창업주 정주영의 막내동생이므로 결국 KCC도 범현대가로 분류된다. KCC는 지분 보유에 따른 건자재와 페인트 사업에서의 시너지 효과를 내세우지만 그 이면에는 HD한국조선해양, 현대코퍼레이션, HDC현대산업개발, HL홀딩스 등 범현대가 기업에 우호지분 역할이 있다.

그렇다면 범현대가도 아닌 삼성물산 지분은 왜 갖고 있는 걸까. KCC가 갖고 있는 삼성물산 지분은 원래 삼성카드가 갖고 있던 것이다. 2012년 삼성카드는 금융산업구조 개선법에 따라 금융위원회로부터 에버랜드 지분 17%에 대한 매각을 명령받았다. 이재용 삼성전자 회장 일가의 에버랜드에 대한 지배력 하락이 우려되는 가운데 KCC가 이 지분을 사줬다. 에버랜드가 제일모직으로 사명을 바꿔 2014년 유가증권 시장에 상장할 때 KCC는 일부 지분을 구주매출로 현금화하기도 했다. KCC는 2015년 6월 또다시 백기사로 등장한다. 미국계 행동주의 투자자인 엘리엇이 제일모직과 옛 삼성물산의 합병에 반대하고 나선 가운데 옛 삼성물산이 자기주식 5.76% 전량을 KCC에 넘기면서 의결권을 부활시킨 것이다. 2015년 9월 제일모직과 옛 삼성물산이 '성공적으로' 합병하면서 현재의 삼성물산이 됐고, KCC는 삼성물산 지분 10.01%를 확보했다. KCC는 지분 19.93%를 보유한 최대주주인 이재용 회장에 이은 삼성물산의 2대 주주다.

자기주식 손댄 KCC가 새긴 교훈

KCC 재무상태에 대한 의문은 10년 넘는 기간동안 그저 손에 쥐고만 있는 이들 지분에서부터 시작한다. 앞서 언급했듯 KCC의 2024년 말 총차입금이 5조 3000억 원이 넘었고 2024년 한 해 동안 이자비용이 3500억 원 발생했다. 그러므로 단순 계산하면 6.5% 정도의 이자율을 부담했다는 계산이 나온다. 더욱이 이 기간 인수금융 조건별로 이자율을 8% 안팎까지 부담한 경우도 있었다.

반면 삼성물산의 배당수익률은 2023년 말 2.0%, 2024년 말 2.2%로 제일모직과 옛 삼성물산이 합병한 2015년부터 2024년까지 10년간으로 따지면 연평균 1.7%에 불과했다. 삼성물산 지분을 갖고 있어도 수익이 미미했다는 의미이며 결국 자본이 비효율적으로 이용됐다는 의미다. 앞서 언급했듯 총차

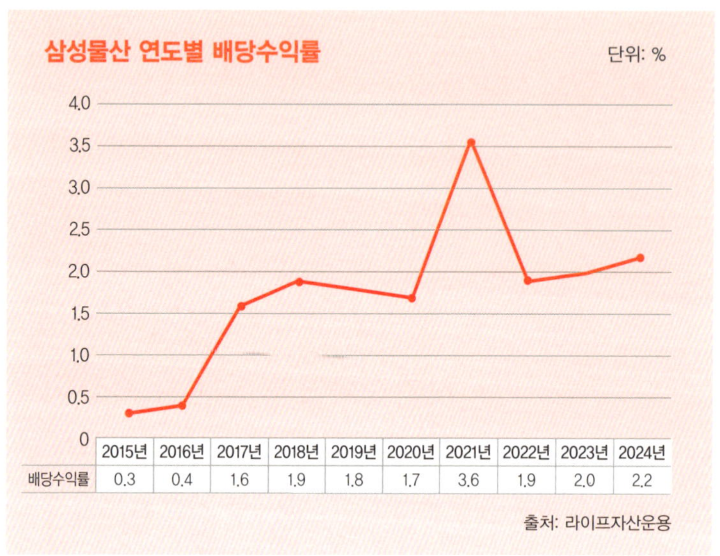

	2015년	2016년	2017년	2018년	2019년	2020년	2021년	2022년	2023년	2024년
배당수익률	0.3	0.4	1.6	1.9	1.8	1.7	3.6	1.9	2.0	2.2

입금의 40%가 인수금융이다. 그렇다면 비핵심 자산이자 저수익 자산인 삼성물산 지분을 처분해 그 돈으로 인수금융을 상환하는 것이 합리적인 의사결정이 아닐까.

KCC도 과도한 이자 부담에 대한 우려를 잘 인지하고 있었다. KCC가 먼저 이용한 것은 삼성물산에 이어 두 번째로 가치가 높은 HD한국조선해양 지분이었다. 2025년 7월 KCC는 보유하고 있던 HD한국조선해양 지분 중 75%를 교환대상으로 내걸고 교환사채(EB)를 발행해 8828억 원을 조달했다. KCC는 이 돈을 포함한 1조 원을 모멘티브에 출자해 전액을 인수금융 상환에 썼다. 이때 상환으로 KCC가 제공하고 있던 6000억 원 규모 지급보증도 해소됐다. KCC는 연간 1000억 원 이상의 이자비용을 절감할 수 있을 것으로 봤다. 시장은 긍정적으로 반응했다. EB 발행 계획을 공시한 7월 3일부터 10영업일간 KCC 주가는 23.2% 상승했다.

인수금융이 여전히 1조 원 이상 남아 있는 만큼 시장에서는 당연하게도 HD한국조선해양 지분 유동화에 이은 삼성물산 지분 유동화를 다음 수순으로 봤다. 하지만 HD한국조선해양 지분을 활용한 EB 발행 계획을 내놓은 지 석 달이 채 지나지 않은 2025년 9월, KCC는 발행주식총수의 9.9%에 이르는 자기주식 88만 2300주를 교환대상으로 EB를 발행하겠다는 계획을 발표했다. KCC는 '장기적 기업 경쟁력 강화'를 이유로 내세웠지만 시장은 즉각적으로 반발했다. 자기주식 활용 EB 발행 계획을 공시한 날 KCC 주가는 전거래일 대비 11.75% 수직 하락했다.

자기주식을 교환대상으로 EB를 발행했을 때 시장이 부정적으로 반응하는 이유는 명백하다. 자기주식 활용 EB는 자기주식을 기초자산으로 삼아 교환청구권을 부여하는 구조다. 자본 유입이 없는 가운데 일정 시점 이후 외부 투자자가 자기주식을 가져갈 수 있어 실질적으로 지분 희석 효과를 갖는다. 결

 자기주식 활용 EB의 경제적 실질을 따지면 3자배정 유상 증자에 따른 신주 발행과 동일한 것이다. 하지만 여기에는 자본시장의 절차적 불균형이 있다. 3자배정 유상증자의 경우 주주총회 특별결의 사항으로 정하고 있어 그만큼 실행이 어렵다. 기존 주주의 피해 가능성을 인정하기 때문이다. 반면 자기주식 활용 EB 발행은 이사회 결의만으로 가능하다. 상대적으로 실행이 쉬운 것이다.

KCC가 자기주식 활용 EB 발행 계획을 내놓은 이튿날, 라이프자산운용은 KCC 이사회와 경영진에 공개 주주서한을 보내 KCC가 보유하고 있는 삼성물산 주식에 대한 활용 계획을 공시할 것을 요구했다. KCC 시가총액보다 가치가 큰 삼성물산 지분 활용을 자기주식 유동화보다 먼저 고려했어야 한다는 취지였다. 라이프자산운용은 보도자료를 통해 "EB 발행이 차입금 부담을 줄이려는 취지였다면 자기주식보다 비핵심·저수익 자산을 먼저 활용했어야 한다"며 "오랫동안 수익 기여가 제한적이었던 삼성물산 주식을 기초로 EB를 설계할 수 있었지만 자기주식을 먼저 활용하면서 시장에 충격을 줬다"고 설명했다.

라이프자산운용이 공개 주주서한을 보낸 지 5일 만에, KCC는 자기주식 활용 계획을 전면 철회했다. KCC는 공시를 통해 "회사의 경영 환경과 주주 여러분의 의견을 종합적으로 반영해 주주가치 제고를 위한 보다 명확하고 안정적인 방향을 택하고자 내린 결정"이라고 밝혔다. 결과는 어땠을까. 시장은 안심했다. 하루 동안 KCC 주가는 전거래일 대비 6.96% 상승했다.

그후 KCC는 은행보증채를 발행해 잔여 인수금융을 갚는 방법으로 이자비용을 낮추기도 했다. KCC는 은행보증채 전환을 통해 연간 인수금융 관련 이자비용을 기존 약 1000억 원에서 500억~600억 원으로 낮출 수 있다고 설명했다. 그럼에도 KCC는 여전히 삼성물산 주식과 자기주식을 모두 손에 쥐고 있다. 앞서 언급했듯 KCC 시가총액은 3조 5000억 원 정도다. 라이프자산운용은 KCC가 본업만 고려해도 5조 원 이상의 가치를 시장에서 인정받을 수 있으며 여기에 삼성물산 주식을 모두 처분하면 기업가치 상승이 가능하다고 보고 있다.

KCC가 차입금 부담을 지고 있으면서도 보.유하고 있는 지분가치를 활용하지 못하고 있는 것은 우리나라 상장기업에 만연해 있는 '비효율적 대차대조표'의 전형적인 사례다. 한국 기업들의 PBR(대차대조표상 자본가치 대비 시가총액)이 낮다는 것이 코리아 디스카운트인데, KCC처럼 자산을 효율적으로 활용하지 못하면 낮은 PBR은 합리적인 것으로 정당화될 수밖에 없다. 10년 넘게 활용하지 못하는 재산을 어떻게 재산으로 인정할 수 있겠는가.

물론 KCC가 삼성물산에 손대지 못하는 다른 합리적인 이유가 있을지도 모른다. KCC와 삼성 사이에 말할 수 없는 약속 같은 게 있을 수도 있다. 하지만, 그건 그들의 사정이다. KCC의 지분에서 정몽진 회장 및 특수관계인이 보유한 지분은 전체 지분의 1/3 정도에 불과하다. 나머지 2/3의 주주들은 회장님 가문이 가진 특수한 상황을 공유하지 않으며, 회장님이 왜 그런 비합리적인 결정을 내리는지에 대한 아무런 정보도 갖고 있지 않다.

회장님이 무슨 사정을 갖고 있는지 알 길이 없고, 외부에서는 도저히 이해할 수 없는 결정을 수십년 동안 참고 바라봐야 하며, 그래서 회사의 재무구조와는 무관하게 자산가치를 할인해서 평가할 수밖에 없는 현실. 이게 지난 20년간의 한국 주식 시장이었고 어찌 보면 모든 저평가의 근본적인 원인이라고 할 수 있다. 이 책 내내 우리는 주식은 '형평'해야 하며, 모든 주주는 보유지분에 비례해 알 권리과 목소리를 낼 권리를 가지는 것이 한국 주식의 고질적인 디스카운트를 해결해 코스피 5000에 안착하는 방법임을 이야기해왔다.

시대가 바뀌었다. 상법 개정으로 경영진은 모든 주주에게

 KCC는 주주들에게 설명해야 한다. 도대체 11년째 돈 안되는 삼성물산 주식을 왜 들고 있는지, 어떤 경제적인 이유가 있는지, 왜 단 일부라도 팔아서 비싼 이자 비용을 갚지 않고 비용을 주주들에게 전가했는지 설명해야 한다. 공개적으로 설명할 수 있는 자신이 없거나 그 어떤 합리적 이유도 없다면, 이제라도 주주들에게 사과하고 즉시 삼성물산 지분의 처분 방안을 마련해야 한다.

라이프자산운용은 KCC에 삼성물산 지분의 경제적인 처리에 대한 다양한 대안을 제시한 바 있다. 아직까지 구체적인 논의에 이르지는 못했지만 우리는 KCC가 전향적으로 변할 것이라는 믿음을 갖고 있다. 언제까지나 주주를 무시할 수는 없을 것이고, 무조건적으로 시장의 논리를 무시하는 분들이라면 회사를 이렇게까지 키우지는 못했을 것이라는 확신도 있기 때문이다.

너무 KCC만 이야기해서 죄송하기도 하다. 책에 직접 언급은 안 했지만 당장 돈이 되고 차입금을 갚거나 주주에게 배당으로 돌려줄 수 있는 놀고 있는 자산을 십년 넘게 깔아만 놓

고 있는 상장기업들이 족히 100개 이상은 될 것이기 때문이
다. 상식적인 경영. 합리적인 선택. 당연한 말들이지만 한국 주
식시장에서는 아직도 갈급하고, 아직도 기대하고 있는 시장의
업사이드다.

18장

오리온
복합기업 할인의 전형적 사례

왜 오리온이 아니라
중국 자회사일까

초코파이를 안 먹어본 한국인이 있을까. 달콤한 초콜릿에 고소한 빵, 폭신한 마시멜로까지 삼박자를 모두 갖춘 초코파이는 남녀노소 모두 즐기는 간식거리다. 한국인의 '정(情)'을 내세운 정체성은 이미 한국인들의 뇌리에 박혀 이제는 생각만 해도 따뜻함과 달콤함에 '먹고 싶다'는 느낌이 바로 들 정도다. 초코파이는 1974년 출시돼 누적판매량 500억 개, 누적매출액으로는 8조 원을 넘긴 메가히트 상품이다. 해외에서만 누적매출액 5조 5000억 원을 넘기며 60여곳이 넘는 국가에서 세계인의 입맛까지 사로잡고 있다. 초코파이는 오리온을 한국의 대표 제과회사로 키워냈다. 초코파이 이후로도 이름만 들어도 아는 카스타드, 후레쉬베리, 오뜨, 참붕어빵 같은 파이류에 이어 포카칩, 꼬북칩, 오징어땅콩, 오!감자 같은 스낵류까지 잇따라 성공시키면서 저력을 꾸준히 증명하고 있다.

오리온 창업자는 '설탕왕'으로 불린 동양그룹 창업자 이양구 회장이다. 이양구 회장은 함경남도 출신으로 해방 후 부산에 터를 잡고 설탕을 팔아 큰 돈을 벌었다. 설탕 유통에서 시작해 제당, 제과, 시멘트, 증권, 엔터테인먼트로 사업을 잇따라 확장하면서 동양그룹을 일궈냈다. 1970년대 건설 붐으로 시멘트 수요가 크게 늘어난 데다 같은 시기 개발한 초코파이가 공전의 히트를 기록하면서 사세를 크게 넓혔다.

이양구 회장에게는 딸이 둘 있었다. 시멘트와 증권을 양대 축으로 하는 동양그룹은 첫째 딸인 이혜경 부회장과 검사 출신인 사위 현재현 회장이 물려받았다. 둘째 딸인 이화경 부회장과 대만계 화교 출신인 사위 담철곤 회장이 제과와 엔터테인먼트 중심으로 2001년 동양그룹으로부터 계열분리한 것이 오리온그룹이다. 25년이 지난 지금, 두 딸의 운명은 크게 갈렸다. 동양그룹은 유명한 동양증권 사태를 남기며 2013년 해체

됐지만 오리온그룹은 한국의 대표 제과회사로 자리잡았다.

오리온그룹은 계열분리 이후 두 번의 주요한 변화를 겪는다. 첫 번째는 2017년 이뤄진 지주사 체제로의 전환이다. 오리온이 식품사업 부문을 인적분할해 사업회사인 오리온을 신설하고 투자사업 부문만 남겨 지주사인 오리온홀딩스가 됐다. 오늘날 오리온은 이때 신설된 사업회사를 가리킨다. 2025년 9월 말 기준으로 이화경 부회장과 담철곤 회장을 포함한 최대주주 일가가 오리온홀딩스 지분 63%를 보유하고 있으며 오리온홀딩스는 오리온 지분 37%를 보유하고 있다.

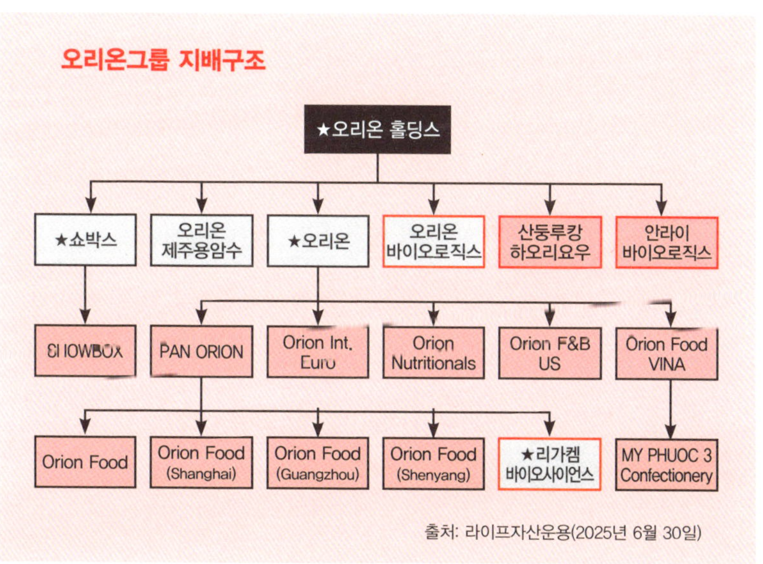

출처: 라이프자산운용(2025년 6월 30일)

두 번째가 바로 바이오사업으로의 확장이다. 오리온그룹은 지주사 체제 전환으로 일단 그룹의 형태를 갖췄지만 신사업 진출이나 인수합병(M&A)에는 소극적이었다. 오히려 본업인 제과사업에서의 중국, 베트남, 인도, 러시아, 미국 등 해외시장 확대가 우선이었다. 이 때문에 계열분리 때 갖고 나온 제과와 엔터테인먼트 사업영역이 여전히 국한돼 있었다. 새로운 동력을 고민하던 오리온그룹이 2020년 점찍은 것이 바이오사업이었다.

오리온그룹은 바이오사업 진출 초기에 기술을 보유한 다른 기업과 합작 전략을 펼쳤다. 2021년 중국 제약사 산둥루캉의약과 합작해 중국에 진단키트 제조사 산둥루캉하오리요우를 설립했다. 지분은 오리온홀딩스가 105억 원을 출자해 50%를, 오리온의 중국 손자회사인 오리온푸드(Orion Food)가 31억 원을 출자해 15%를 각각 책임졌다. 이어 2022년에는 하이센스바이오와 합작해 치주질환 치료제 개발사 오리온바이오로직스를 설립했다. 오리온홀딩스가 21억 원을 출자해 지분 60%를 확보했다. 합작 전략 이후 오리온그룹은 2024년 중국에 결핵백신 개발사 안라이바이오로직스를 직접 설립하기도 했다. 지분은 오리온홀딩스가 110억 원을 출자해 77%를, 오리온푸드가 32억 원을 출자해 23%를 각각 책임졌다. 다만 2025년 9월 말까지도 오리온바이오와 안라이바이오는 매출이 발생하지 않고 있으며 산둥루캉하오리요우도 매출이 크게 적은 만큼 이들 세 회사의 존재감은 매우 미미하다.

2024년 3월, 오리온그룹이 바이오 사업에 대한 진출 의지를 시장에 단숨에 각인시킨 사건이 일어난다. ADC(항체-약물 결합체) 분야에서 글로벌 경쟁력을 인정받고 있는 리가켐바이오사이언스의 경영권 지분을 인수한 것이다. 오리온그룹은 오리온이 지분 95%를 보유한 홍콩 지주사 팬오리온(Pan Orion)을 통해 리가켐바이오 지분 25.73%를 인수했다. 신주인수(4698

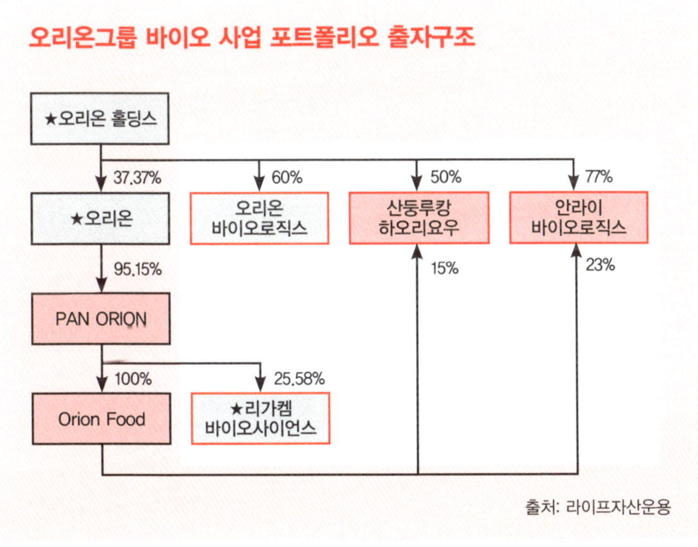

억 원)와 구주매입(787억 원)을 합해 무려 5485억 원을 들였다.
그동안 바이오사업에 들인 돈과 비교가 안됐다.

여기서 잠시 리가켐바이오 지분 인수구조를 짚고 넘어가
자. 리가켐바이오 경영권 인수의 주체로 나선 곳은 오리온의
자회사이자 홍콩 지주사인 팬오리온이었다. 그동안 산둥루캉
하오리요우, 오리온바이오, 안라이바이오 등 바이오 사업 계
열사에 대한 출자는 오리온홀딩스가 책임지는 데 무리가 없었
다. 워낙 소액이었기 때문이다. 오리온의 중국 제과 손자회사
오리온푸드가 일부 출자에 동원되기도 했지만 큰 금액은 아니
었다.

하지만 리가켐바이오 지분 인수에 소요될 자금은 5000억
원이 훌쩍 넘었다. 오리온홀딩스가 직전인 2023년 말 별도 기
준으로 손에 쥐고 있던 현금은 단기금융상품을 포함해도 고작
10억 원을 겨우 넘길 뿐이었다. 애초에 오리온홀딩스가 2017
년 오리온을 분할할 때 대부분 현금은 사업회사인 오리온이
가져갔다. 오리온홀딩스는 최대주주 일가가 오리온에 지배력
을 행사하기 위한 통로일 뿐이었다. 이 때문에 이만한 자금을
댈 다른 주체가 필요했다. 결국 나설 곳은 오리온밖에 없었다.

하지만 오리온이면 오리온이지 왜 오리온의 자회사인 팬
오리온이었을까. 그 이유는 두 가지로 가늠할 수 있다. 첫 번

째 이유는 5000억 원의 현금을 가진 곳은 팬오리온이 유일했기 때문이다. 오리온은 리가켐바이오 지분 인수 전후 차입금에 변화가 거의 없기 때문에 따로 빚을 내지 않고 인수자금 전액을 보유하고 있던 현금으로 충당한 것으로 보인다. 직전인 2023년 말 오리온이 가진 현금(단기금융상품 포함)은 연결 기준으로는 1조 원이 넘었다. 하지만 별도 기준으로는 500억 원이 채 되지 않았다. 대부분 현금을 연결대상 자회사에 쌓아두고 있다는 뜻이다. 자회사 중에서도 현금이 가장 풍부한 곳은 오리온푸드 등 중국 제과회사를 자회사로 거느리고 있는 홍콩 지주사 팬오리온이었다.

두 번째 이유는 오리온이 리가켐바이오 지분을 직접 인수할 경우 실제 인수한 25.73%보다 더 많은 돈을 들여 더 많은 지분을 확보해야 했기 때문이다. 이는 오리온홀딩스가 적용받는 공정거래법상 지주사 행위제한 요건 탓이다. 오리온이 리가켐바이오를 직접 자회사로 편입할 경우 리가켐바이오는 오리온홀딩스의 손자회사가 된다. 지주사 행위제한 요건에 따르면 지주사의 자회사는 상장 손자회사 지분을 30% 이상 보유해야 한다. 리가켐바이오는 코스닥 상장사다. 이 정도 지분을 확보하려면 신주발행가액(5만 9000원) 기준으로 신주 인수에 적어도 900억 원은 더 써야 했다는 계산이 나온다. 하지만 해외법인인 팬오리온을 통하면 이 요건에서 자유로워진다.

복합기업 잠식하는 저평가의 늪,
해법은 '분할'

오리온홀딩스가 아닌 팬오리온을 리가켐바이오 지분 인수의 주체로 내세우면서 파생된 중요한 결과가 있다. 바로 오리온 안에 제과사업과 바이오사업이 공존하게 됐다는 점이다. 기존 에는 바이오사업 관련 계열사들이 오리온홀딩스의 자회사로 만 존재해 이런 문제가 없었다. **문제는 여러 사업이 한 회사 내 에 공존할 경우 각 사업의 가치를 시장에서 제대로 평가받지 못하는 '복합기업 할인**(Conglomerate discount)**' 현상이 나타난다 는 점이다.** 그리고 이 현상은 오리온에 정확히 맞아떨어진다.

실제로 오리온은 저평가의 늪에 갈수록 깊게 빠지고 있다. 오리온의 연결 기준 EPS(주당순이익)와 BPS(주당순자산)는 최근 수년간 꾸준히 증가했다. 이 시기 신주나 주식 관련 사채의 발 행이 없어 주식수가 그대로 유지됐으므로 결국 회사가 꾸준히 이익을 내고 자본을 늘리며 잘 성장해 왔다는 뜻이 된다. 하 지만 이를 주가와 비교한 PER(주가수익비율)이나 PBR(주가순자

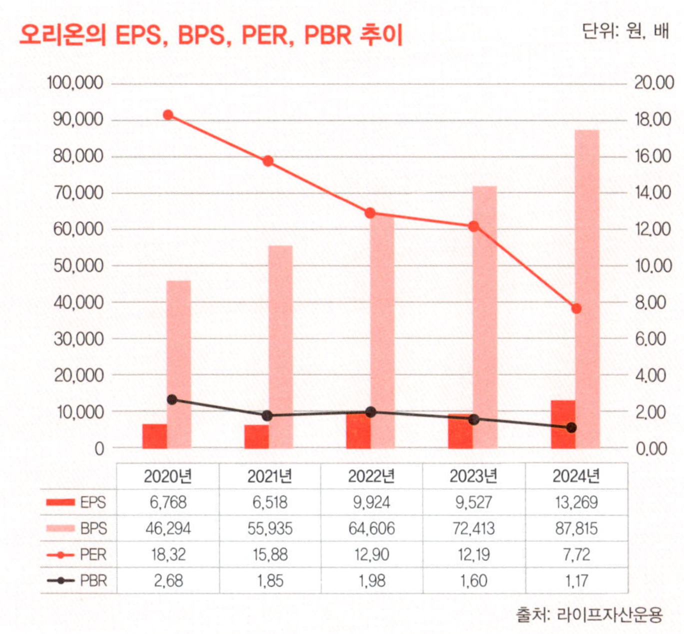

	2020년	2021년	2022년	2023년	2024년
EPS	6,768	6,518	9,924	9,527	13,269
BPS	46,294	55,935	64,606	72,413	87,815
PER	18.32	15.88	12.90	12.19	7.72
PBR	2.68	1.85	1.98	1.60	1.17

산비율)을 보면 그 하락세가 말 그대로 처참한 수준이다. PER 과 PBR은 최근 수년간 갈수록 하락해 2024년 말에 이르러 4 년 전에 비해 반토막이 났다. 이런 추세는 리가켐바이오 지분 을 인수한 2024년에 다른 해보다 더 뚜렷하게 나타났다. 특히 PBR의 경우 1.17배까지 하락해 마지노선인 1배가 깨질 걱정 을 할 정도가 됐다. 그만큼 주가가 부진했다는 뜻이며 다시 말 하면 시장에서 가치를 온전히 평가받지 못했다는 뜻이다.

복합기업에 할인이 나타나는 데는 확실한 이유가 있다. 첫 번째로 기업가치 평가를 어렵게 만든다. 이질적인 사업이 한 회사 내에서 섞이면 사업별로 성과나 위험을 명확히 구분하거나 평가하기 어렵다. 오리온의 기업가치를 평가할 때 비교대상(Peer Group)은 제과회사여야 할까 아니면 바이오회사여야 할까. 둘 중 하나를 선택하더라도 그에 따른 결과는 제대로 된 결과일까. 이렇게 되면 시장은 회사에 대한 이해도가 하락하면서 불확실성에 대한 프리미엄을 계속 더하게 된다. 이는 곧 투자에 요구되는 최소한의 수익률, 즉 요구수익률을 끌어올린다. 오리온의 경우 안전성이 높은 제과와 위험성이 높은 바이오가 공존하기에 시장은 회사 전체를 보수적으로 평가해 결과적으로 기업가치가 할인되는 식이다.

두 번째로 현금흐름에 대한 기대치를 낮춘다. 오리온 현금창출력의 근간을 이루는 것은 제과사업이다. 반면 바이오사업은 자체 창출하는 현금보다 더 많은 현금을 R&D에 필요로 한다. 오리온이 제과에서 창출한 현금을 바이오에서의 위험성 높은 투자에 지속적으로 투입할 경우 자본효율성이 하락하면서 시장이 기업가치에 대해 할인을 적용할 수밖에 없게 된다.

세 번째로는 투자자 수급을 저해한다. 제과 같은 소비재를 선호하는 투자자와 바이오 같은 성장주를 선호하는 투자자 모두에게 선호되지 못해 수요층이 얇아진다.

복합기업 할인을 해소하는 가장 확실한 방법은 사업부문을 각각의 회사로 쪼개는 것이다. 아예 복합기업에서 벗어나 각 회사를 단일기업(Pure-Play Company)으로 재편하는 것이다. 오리온의 경우 바이오사업을 인적분할해 오리온헬스(가칭)를 신설하는 방안을 생각해 볼 수 있다. 이 방안을 실행하려면 두 번의 인적분할이 필요하다. 찬찬히 살펴보자. 먼저 팬오리온에서 리가켐바이오 지분 전량을 보유한 신설법인 팬오리온헬스(Pan Orion Health·가칭)를 인적분할한다. 그 다음으로 오

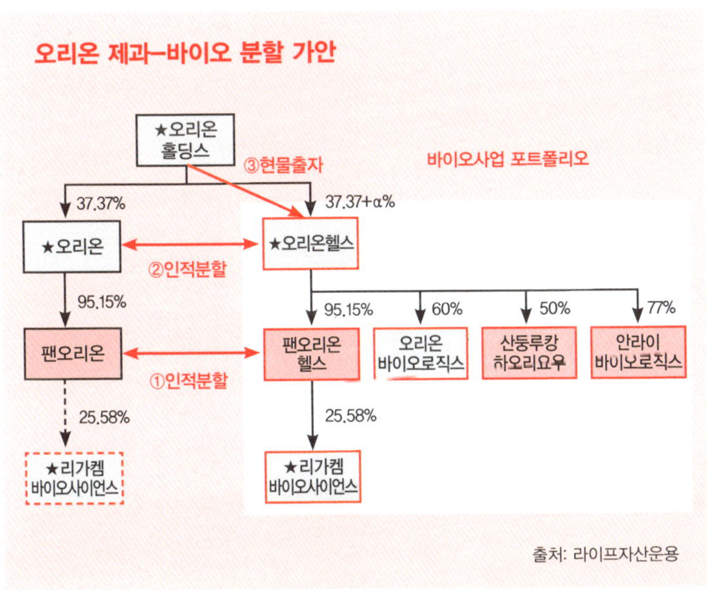

리온에서 팬오리온헬스 지분 전량을 보유한 신설법인 오리온헬스(가칭)를 인적분할한다. 팬오리온헬스는 리가켐바이오 지분을 이동시키기 위한 일종의 포장지이자 오리온헬스가 추후 지주사 행위제한 요건을 충족하기 위해 리가켐바이오 지분을 30%까지 늘려야 할 필요성을 막아주는 역할을 한다. 2025년 10월 기준으로 리가켐바이오 주가가 13만 원 안팎이므로 오리온헬스가 리가켐바이오 지분을 30%까지 늘리려면 적어도 2000억 원이 필요하기 때문이다. 이 금액은 오리온헬스로서는 큰 부담이다. 이 과정을 끝내면 오리온에는 제과사업만 남는다. 이때 분할의 방법은 인적분할 형태를 취해야 일반주주의 피해가 없으면서도 복합기업 할인을 해소하는 두 가지 목표를 모두 달성할 수 있다. 오리온 주주들이 기존 지분율대로 오리온헬스 지분도 갖기 때문이다.

바이오사업 인적분할과 더불어 그룹 전반에 걸친 바이오사업에 대한 교통정리도 필요하다. 그동안에는 바이오사업의 주체가 오리온홀딩스와 오리온으로 분산돼 있었다. 오리온헬스 인적분할 이후에는 오리온홀딩스가 바이오산업의 산둥루캉하오리요우, 오리온바이오, 안라이바이오 세 자회사를 오리온헬스에 현물출자하는 방안이 가능하다. 이렇게 되면 이들 세 자회사가 오리온헬스의 자회사로 재편되면서 오리온헬스는 바이오사업을 총괄하는 중간지주사로 역할을 하게 된다. 여기에 더해 오리온푸드가 보유하고 있는 산둥루캉하오리요우와 안라이바이오 지분도 오리온헬스가 사오는 것이 이상적이다. 이들 두 회사의 매출이 아직 미미한 만큼 지분매입에 소요될 금액은 최초 출자금 수준으로 큰 부담이 없다.

앞서 KCC가 가진 '비효율적 대차대조표' 문제와 더불어, 오리온과 같은 '복합기업 할인' 역시 한국 상장기업 저평가의 대표적인 요인이다. 한국 기업들의 업종을 분류하다 보면, ㈜LG나 SK㈜ 같은 지주사가 아님에도 불구하고 이 기업을 도대체 어떤 업종을 지정해야 할지 헷갈릴 때가 많다. 주력사업 이외에 비관련 사업들을 갖고 있기 때문이다. 대주주 일가가 고급 식당사업을 하고 있거나 리조트를 운영하는 일은 애교에 가깝다. 오리온처럼 초코파이와 항암제 사업을 동시에 하는 정도로 동떨어진 사업을 동시에 영위하는 일이 무슨 사업의 정석이라도 되는 것처럼 비일비재하다.

문제의 본질은 언제나 똑같다. 초코파이를 만들던 회장님이 갑자기 항암제로 세상을 구하고 싶을 수도 있다. 그게 뭐 나쁜 일이겠는가. 하지만 그 생각은 회장님 혼자만의 생각이고, 주주들의 동의를 받은 적 없으며, 회장님은 상장회사의 일부만을 갖고 있을 뿐이라는 것이다. 지분의 전부를 갖고 있지 않으면서 다른 주주들에게 심각한 결과를 초래할 수 있는 결단을 아무렇지도 않게 하는 것은 대주주의 경영권 남용이며, 한국 시장의 만성적 저평가를 만들어낸 대표적인 요인 중 하나이다.

전 세계적으로 복합기업 할인을 해소하기 위해 기업을 분할하고, 개별 사업의 전문성을 회복하며, 주주들에게 선택권을 줘야 한다는 것은 공통의 요구다. 오리온처럼 억지로 비관련 사업을 주주들에게 던져준 경우에는 이런 요구가 절실하지만, 100년 넘게 연관된 사업을 영위한 경우에도 기업분할을 통한 전문화를 요구받는 경우가 해외에서는 아주 많다.

복합기업 할인 해소에 대한 요구는 세계 시장에서 공통적으로 발생하고 있다. 그리고 분할은 가장 보편적이면서도 확실한 해결책으로 선택받고 있다. 최근 세계 시장의 주목을 받았던 사례는 미국 GE(General Electric)의 3사 분할이다. GE는 2021년 11월 항공우주 사업을 담당하는 GE에어로스페이스, 의료기기 사업을 담당하는 GE헬스케어, 에너지사업을 담당하는 GE버노바 등 3개 독립기업으로 재편할 계획을 발표했다. 이 작업은 2024년 4월에 이르러 완료됐다.

이전까지만 해도 GE는 항공우주, 의료기기, 에너지사업이 한 회사 내에 공존해 전 세계 기업을 통틀어서도 대표적인 거대 복합기업으로 꼽혔다. 하지만 2008년 글로벌 금융위기를

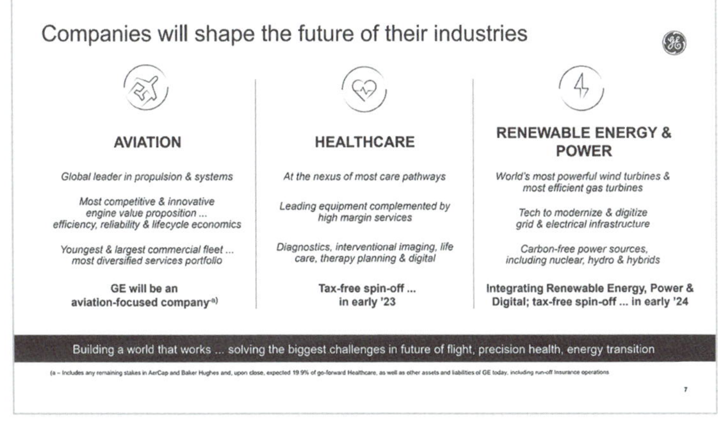

출처: GE 기업설명회(IR) 프레젠테이션(2021년 11월 9일)

맞아 수익 부진과 부채 급증이 맞물리면서 파산 직전까지 내몰린다. 이런 GE를 바꿔 놓은 인물이 2018년 CEO로 취임한 로런스 컬프 회장이다. 컬프 회장은 자산 매각을 통한 부채 상환, 운영 효율화, 비용 절감으로 현금흐름 개선에 집중했다. 3사 분할은 컬프 회장이 이끈 이 변혁의 마지막 단계였다. 컬프 회장은 "업계를 선도히는 세 개의 글로벌 상장 기업을 설립함으로써 각 기업은 더 큰 집중력, 맞춤형 자본 배분, 전략적 유연성을 통해 고객, 투자자, 직원을 위한 장기적인 성장과 가치를 창출할 수 있다"고 언급했다.

복합기업 할인 해소를 요구하는 행동주의 투자자들의 목소리도 높아지고 있다. 2024년 미국계 행동주의 투자자 엘리엇 매니지먼트는 앞서 첨단소재(Advanced materials) 사업 분할을 발표한 허니웰(Honeywell)에 자동화(Automation) 사업만 남기고 항공우주(Aerospace) 사업까지 분할할 것을 요구했다. 엘리엇은 "허니웰 경영진은 12개에 이르는 광범위한 사업 라인을 관리하는 데 어려움을 겪고 있다"며 "12개의 서로 다른 보고 라인을 가진 기업에서 저조한 실적을 기록하는 사업은 항상 존재하며 이는 가치평가의 걸림돌로 작용하고 있다"고 주장

**허니웰이 발표한 자동화, 항공우주, 첨단소재
3사 체제 개편 계획**

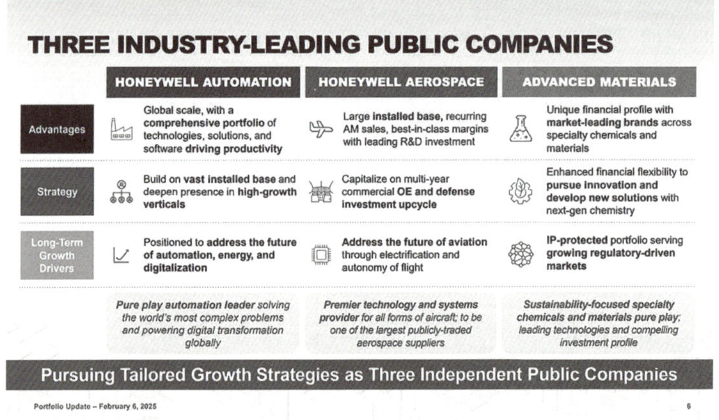

출처: 허니웰 기업설명회(IR) 프레젠테이션(2025년 2월 6일)

했다. 이에 따라 허니웰은 2025년 2월 첨단소재, 자동화, 항공우주 등 3개 독립기업 체제로의 개편 계획을 확정했다. 비말 카푸르 허니웰 CEO 회장은 "앞으로도 주주가치를 더욱 높이기 위해 포트폴리오를 지속적으로 개선해 나갈 것"이라며 "각 사업이 선도적인 독립 상장기업으로 거듭날 수 있도록 준비하겠다"고 밝혔다.

엘리엇은 2021년 영국 에너지기업 SSE에도 비슷한 요구를 했다. 재생에너지 사업을 분할하라는 요구였다. 엘리엇은 "SSE가 전통적인 전력망 사업과 재생에너지 사업을 모두 운영하고 있어 각 사업의 질을 저해할 뿐 아니라 회사를 제대로 이해하거나 가치를 평가하기 어렵게 만든다"고 주장했다. 엘리엇의 요구는 실제 SSE의 재생에너지 사업 분할로 이어지지는 못했다. 하지만 재생에너지 투자 확대와 주주환원 확대를 확약받는 성과를 냈다. 미국계 행동주의 투자자 서드 포인트(Third Point)는 2021년 영국 에너지기업 쉘(Shell)에 석유, 가스, 정제, 화학 등 레거시(Legacy) 사업은 남기고 천연가스(LNG), 재생에너지, 마케팅 등 전환(Transition) 사업은 분할할 것을 요구했다. 쉘은 실제 전환 사업에 대한 분할을 실행하지는 않았지만 자본 유연성 제고를 위한 조치를 내놔야 했다.

설탕이 많은 과자가 인류에 미친 해악을 깨닫고, 암을 고쳐야 한다는 사명을 어느날 갑자기 깨달을 수도 있다. 충분히 공감한다. 항암제는 돈이 많이 드는 사업이니 홍콩 자회사에 쌓아둔 현금을 이용할 수도 있다. 주주의 동의없이 귀중한 배당 재원을 사용한 것도 기분 나쁘지만 용서할 수 있다. 이제라도 주주의 피해를 생각해서 사업구조를 전문화하고 주주들에게 선택권을 준다면 말이다. 복합기업 할인을 받고 있는 다른 모든 기업들에게 드리는 말씀이다.

I have a dream

———————　　자본주의는 수단이지 목적이 아니다. 자본주의 부국을 이루는 게 우리 사회의 목표가 아니라, 자본주의라는 제도적 도구를 통해서 이루고 싶은 이상적인 사회의 모습이 별도로 있다는 뜻이다. 인생의 목표도 마찬가지다. 미국 주식에 크게 베팅해 많은 돈을 벌거나, 선호하는 '상급지' 아파트를 선점해 부를 쌓는 건 더 나은 인생을 위한 수단이지 그 자체로 인생의 목적은 아니다.

그러나 어느덧 우리의 인생과 우리 사회의 목적은 자본주의 그 자체가 되어버린 것 같다. 수많은 사람들이 유튜브를 보고 밤새 미국 주식을 트레이딩한다. AI에 대해 엄청나게 공부하지만, 그건 AI를 내 삶에 적용해 내가 좋아하는 일에서 생산성을 올리려고 하는 게 아니라 올라가는 AI 관련 주식을 빨리 사기 위함이다. 엔비디아 주식을 사는 것보다는 엔비디아 GPU를 사서 바이브 코딩으로 AI앱을 개발하는 게 사회 전반에는 훨씬 도움이 될 것이다. 하지만 현대인의 삶에서는 내 업무 능력을 높이는 것보다 그 시간을 주식 공부에 써서 재산을 늘리는 게 인생에 훨씬 더 도움이 된다. 그래서 일단 취업을 했으면 '일이 적은 한직에 좌천되어 개인 재테크에 좀더 집중하는 게' 최고의 삶이라는 얘기도 들린다. 강남 아파트 가격이 올라간 덕분에 먼저 강남에 입성하신 분들의 행복은 올라갔는지 모르겠지만, 1억 연봉을 평생 받아도 도저히 접근할 수 없는 주택 가격을 보면서 좌절한 청년들은 결혼을 포기하거나, 극단적으로는 무엇인지 알면서도 캄보디아행 비행기를 탄다.

강남 3천 세대 아파트 단지의 시가총액은 한 채에 50억만 잡아도 15조 원에 달한다. 15조 원이면 코스피 5000 시대에 두산, LG, KT 같은 한국을 대표하는 기업들의 지주회사보다 훨씬 더 큰 시가총액이다. 입지 좋은 강남 아파트의 주거 혜택, 수영장이 있고 조식을 주는 커뮤니티 센터. 환상적이긴 하지만 그 아파트 단지가 수만 명의 고용을 창출하고 수조 원의 외화를 한국으로 갖고 와서 그 강남 아파트의 시세를 받쳐주고 있는 기업들의 역할만큼 이 사회에 필요한 건지는 잘 모르겠다.

수단이 목적을 압도해서 주객이 전도되었다. 전 국민이 부동산 투자에 혈안이 되어 나라가 '헬조선'이 돼버린 대가로 개인의 부를 쌓는 게 우리가 원하는 삶은 아니었다. 자본주의를 잘 활용해서 헬조선을 '헤븐조선'으로 만드는 게 원래 우리가 원하는 거였다. 금수저와 결혼해 신데렐라가 되는게 아니라, 흙수저 혹은 무수저 출신이어도 창의성과 열정을 바탕으로 열심히 살면 재벌가문 못지않은 새로운 가문의 시초가 될 수 있다는 희망이 원래 우리가 원하는 거였다. 주식과 코인투자로 인생역전을 추구하는 게 아니라, 내가 땀흘려 번 돈이 세상을 더 좋은 곳으로 만들고 모두가 공평하게 경제 발전의 과실을 공유하는 게 원래 우리가 원하는 거였다.

자본주의는 그 자체로 악하지도 선하지도 않다. 선과 악은 도구를 쓰는 주체에 존재할 뿐이다. 우리는 스스로 살아남기 위한다는 명분으로, 도저히 함께 살아갈 수 없는 세상을 만들어 버린 것은 아닐까.

대학생때 가장 친한 친구와 졸업하면 펀드매니저가 되자고 서로 이야기하면서, '아름다운 자본주의'를 만드는 데 기여하는 삶을 살자고 결의를 다진 적이 있다. 돌이켜보니 그런 말을 하면서도 무엇이 진짜 아름다운 것인지 그때는 전혀 몰랐

     에필로그

던 것 같다. 지금도 어떤 것이 세상에 기여하는 바람직한 인생인지 잘 모르겠다. 하지만 20년간 직업인으로서 자본주의를 사회의 번영을 위한 도구로서 그 목적에 충실하게 사용되도록 하는 일에 기여하는 삶을 살았는지 자문해 보면 스스로 너무나 부끄럽다. 나도 그냥 살아남기 위한 삶을 살았을 뿐이었다.

코스피 5000이 대체 무슨 의미인지, 그게 왜 좋은 건지 책의 마지막에서 묻는다. 국부가 늘어나고 많은 사람들이 부자가 되니까? 글쎄 '부'라고 하는 것은 언제나 상대적 개념이어서 모두가 부자가 되는 건 영원히 불가능하다. 남보다 더 돈이 많은 게 부자의 정의이기 때문에 모두가 부자라는 개념은 애초에 존재할 수가 없다.

코스피 5000 시대가 가진 의미는 자본주의의 가장 상징적인 발명품인 주식시장이 마침내 한국에서도 원래의 기능을 수행할 수 있다는 희망을 주기 때문이다. 주식시장의 활황이 더 많은 사람들로 하여금 혁신에 대한 열정에 매진하게 하고, 사회 전반에 비전과 건강한 영감을 줄 수 있기 때문이다. 무능한 경영과 그로 인해 가치가 떨어지는 기업들은 자연스럽게 퇴출되고, 진취적인 경영으로 미래를 여는 기업들에 자본이 몰려 진보를 가속화해야 하기 때문이다. 주식시장이 한 나라의 경제 발전을 손쉽게 공유할 수 있는 수단이 되어서, 사람들이 마음 편하게 금융상품을 이용하고, 개인의 삶은 자신이 좋아하고 가치 있게 생각하는 일에 집중할 수 있도록 도와야 하기 때문이다.

이 책은 전반부의 많은 부분을 한국 주식시장이 어떻게 제 기능을 못하고 있는지 이야기하는데 썼다. 수많은 재벌가문이 아랫세대에게 기업을 물려주기 위해 주식시장을 악용했다. 그 결과 한국 주식이 저평가됐지만 더 큰 문제는 젊은이들의 희망을 없애서 창업가의 길을 가기보다는 투기에 몰두하게 하고, 4세 고시로 의사를 준비하거나, 맹목적인 헬조선 탈출을 꿈꾸게 했다는 것이다. 소액주주 권한이 보호되지 않아 시장이 망가지는 동안 국내 주식시장과 금융상품에 대한 신뢰는 바닥까지 추락했고, 엄청난 자산이 자발적으로 해외로 유출됐으며, 수많은 국민들이 미국 테마주 분석에 소중한 지성과 한정된 시간을 소진하고 있다. 퇴출돼야 할 기업들은 좀비처럼 남아 신규 진입자들과 혁신의 발목을 잡고, 가짜 혁신을 내세운 꾼들은 단기 고수익을 원하는 눈먼 돈을 이용해 소중한 사회자산을 터무니없는 프로젝트에 낭비시키고 제로섬 게임으로 타인의 부를 내 것으로 하는 일을 당연시해왔다.

투자에 대한 서적이라면 응당 알려드려야 할 유망테마, 투자기법에 대한 내용이 이 책에는 끝까지 나오지 않는다. 여기

291

까지 읽으신 독자분들께 무척 죄송한 일이다. 하지만 불행히도 그런 내용을 연구하고 다루는 것에 좀 질려버렸다. 상대적인 부를 쌓기 위한 경주에서 타인을 압도하는 방법을 연구하는 일은 자랑스럽지도 않고, 그런 '비밀'을 도서를 통해 많은 사람들에게 공유한다는 것도 어불성설이다. 경쟁에서 이기는 방법을 모두가 안다면 그 방법은 이미 유효하지 않을 것이며 그 즉시 우리는 새로운 전략이 필요할 것이다.

망가짐에 대한 자발적 인식 속에서 희망을 찾기 위해 이 책을 썼다. 소액주주의 권리를 보호해야 하는 일은 새로운 투자 기회를 만들기 위함이 아니라, 그것이 시장의 정상작동을 시도하기 위한 첫걸음이기 때문이다. 민주주의가 1인 1표의 권리를 갖듯, 자본주의에서 1주 1표의 권리를 갖는 것이 모든 기능 회복의 시작이다. 또 우리는 불균형한 경제적 인센티브를 회복해야 한다. 수십억 아파트를 갖고 있을 때 1가구 1주택 장기보유공제를 받으면 사실상 과세 부담이 거의 없다. 그런데 천만원이 넘는 배당 수익에 절반을 세금으로 부과한다면 강남 불패의 똘똘한 한 채가 테마주로 넘실되는 주식시장보다 훨씬 더 좋은 '재테크' 수단이 되는 게 당연하다.

나쁜 행동을 더 이상은 할 수 없게, 그리고 좋은 행동은 자꾸만 권하는 게 당연한 기본이다. 한국 시장을 오랫동안 억누

르고 망가트렸던 요인들을 우리가 정확히 인식하고 고치고자 노력한다면 책에서 언급한 대주주와 소액주주의 이해관계 일치, 이사회 기능의 정상화, 사업구조 효율화와 주주환원 확대, 그에 따른 ROE 개선과 밸류에이션 정상화는 시간이 흘러감에 따라서 자연스럽게 이루어질 것이다. 그 변화의 속도를 우리가 의식적으로 서두르기만 하면 된다. 여기까지 이루고 나면, 주식시장은 정상적인 가격 발견 기능을 바탕으로 미래를 예측하는 사회의 핵심기구가 되고, 생산성이 높은 쪽으로 자본을 집중시키고, 혁신가에 대한 정당한 보상으로 사회 전반의 부를 창출하고, 안정적인 자본 저축 수단으로서 경제 발전을 공평하게 누구나 누릴 수 있게 해주는 복지 수단이 된다. 그러면 진짜 '주식의 시대'가 올 것이고, 코스피 5000은 한국 주식시장의 '바닥'이 될 것이다.

이런 문제의식과 개선에 대한 생각은 20년간 그저 살아남기 위해 허덕거리며 대학생 시절 직업을 정할 때 가졌던 책임감을 방기했던 삶에 대한 뒤늦은 후회와 회개이기도 하다. 나이가 들수록 꿈은 옅어지고 세상에 대한 경험은 사람을 비겁하고 약삭빠르게 만든다. 그래서 시간이 지날수록 우리에겐 꿈이 필요하다.

자본주의가 본연의 기능을 다 하고, 그 첨단에 주식시장이 많은 사람들의 삶을 개선하게 하는 꿈을 꾼다. 돈 되는 기회가 아니라, 그동안 우리의 기회를 갉아먹었던 어두운 과거를 굳이 이 시점에 이야기하는 것이 필요한지 지금 이 순간도 자신이 없다. 하지만 단지 돈을 버는 것이 아니라, 주식시장의 호황이 더 나은 사회를 만드는 요소가 될 수 있다면 오래도록 기쁠 것 같다. 아름다운 자본주의 세계에서 우리 다시 만나자.

강대권

──────── 먼저 이채원 의장님께 고개를 숙입니다. 투자의 본질과 직업인의 품격을 일러주신 가르침 덕분에 길을 잃지 않을 수 있었습니다. 라이프자산운용이라는 둥지에서 함께 꿈을 꾸는 남두우 대표님의 혜안과 지지에 경의를 표합니다. 아울러 홍성관 부사장, 김재형 상무, 이대상 상무, 임예슬 이사 그리고 모든 임직원의 헌신적인 도움과 함께 치열하게 고민했던 시간들이 책의 살과 근육이 되었습니다. 우여곡절 끝에 끝까지 인내하며 책을 세상에 내놓아주신 페이지2북스의 김선준 대표님, 최한솔 팀장님께도 깊은 사의를 표합니다. 끝으로 가장 든든한 버팀목인 가족과 부모님께 무한한 감사를 전합니다. 그 지지가 가장 큰 자본이었습니다.

코스피 5000
주식의 시대

초판 1쇄 발행 2026년 3월 4일

지은이 강대권, 이민호(라이프자산운용)
펴낸이 김선준, 김동환

편집이사 서선행
책임편집 최한솔 **편집2팀** 오시정, 서윤아, 한용선
디자인 정란
마케팅 권두리, 이진규, 신동빈
콘텐츠본부장 조아란
콘텐츠팀 이은정, 장태수, 권희, 박미정, 조문정, 이건희, 박지훈, 송수연, 김수빈, 현유진, 정지호
경영관리 송현주, 윤이경, 임해랑, 정수연

펴낸곳 페이지2북스 **출판등록** 2019년 4월 25일 제 2019-000129호
주소 서울시 영등포구 여의대로 108 파크원타워, 28층
전화 070) 4203-7755 **팩스** 070) 4170-4865
이메일 page2books@naver.com
종이 월드페이퍼 **인쇄** 더블비 **제본** 책공감

ISBN 979-11-6985-188-6 (03320)